Research on
China's Foreign Trade Development in
Low Carbon Economy
—Based on
National Competitive Advantage Theory

李 丽 著

# 低碳经济条件下
# 我国对外经济贸易发展研究
## ——基于国家竞争优势理论

经济管理出版社
ECONOMY & MANAGEMENT PUBLISHING HOUSE

## 图书在版编目（CIP）数据

低碳经济条件下我国对外经济贸易发展研究：基于国家竞争优势理论/李丽著.—北京：经济管理出版社，2014.8

ISBN 978-7-5096-3323-6

Ⅰ.①低… Ⅱ.①李… Ⅲ.①二氧化碳-减量化-排气-影响-对外贸易-贸易发展-研究-中国 Ⅳ.①F752

中国版本图书馆 CIP 数据核字（2014）第 201326 号

组稿编辑：梁植睿
责任编辑：申桂萍　梁植睿
责任印制：黄章平
责任校对：陈　颖

出版发行：经济管理出版社
（北京市海淀区北蜂窝 8 号中雅大厦 A 座 11 层　100038）

网　　址：www.E-mp.com.cn
电　　话：（010）51915602
印　　刷：大恒数码印刷（北京）有限公司
经　　销：新华书店
开　　本：720mm×1000mm/16
印　　张：12
字　　数：175 千字
版　　次：2014 年 8 月第 1 版　2014 年 8 月第 1 次印刷
书　　号：ISBN 978-7-5096-3323-6
定　　价：39.00 元

·版权所有　翻印必究·

凡购本社图书，如有印装错误，由本社读者服务部负责调换。
联系地址：北京阜外月坛北小街 2 号
电话：（010）68022974　邮编：100836

# 前　言

全球气候变化谈判使二氧化碳减排成为影响国际社会和各国经济决策的重要因素。尽管气候变化谈判争论很大且进展缓慢，但以低能源消耗、低二氧化碳排放为主要特征的低碳经济已经应运而生，并成为经济发展的趋势。无论发达国家还是发展中国家都出台了相应的政策和做法来发展低碳经济，一方面是为了实现碳减排，但更重要的是争取在新一轮全球产业竞争中获得优势，这种竞争的结果就会对国际贸易产生重大影响。但是，究竟这种影响是怎么发生的？其作用机理和影响路径是怎样的？对国际贸易规则会产生什么影响？对我国对外经贸发展将带来怎样的机遇与挑战？我国怎样利用低碳经济发展契机来促进对外经贸的发展？传统的国际贸易理论不能直接回答这些问题。低碳经济作为新生事物，存在很大的不确定性，其对国际贸易的影响结果也存在不确定性，但是如果能明确低碳经济对国际贸易的作用机理、影响路径和影响方式，就可以全面分析国内外低碳发展对我国对外经贸的可能影响，并找到有效的应对措施，这些是本书写作的初衷和想要回答的问题。

本书以低碳经济对贸易的影响为研究主线，以波特的国家竞争优势理论为理论基础，构建低碳经济对贸易影响的理论分析框架，特别是低碳经济对贸易影响的作用机理、影响路径和方式，并以此为理论基础来研究全球低碳发展对国际贸易规则和我国对外经贸发展的影响，提出利用低碳经济发展契机实现我国对外经贸可持续发展的对策建议。

具体说来，全书共分七章。

第一章是引言，对本书写作的背景和意义、国内外研究现状、研究目标和内容、研究方法和技术路线、研究的创新之处和难点进行了介绍。

第二章是低碳经济条件下国际贸易理论和分析框架。通过分析当前低碳经济的主要内容、发展现状及存在的问题，指出这种低碳发展所带来的新问题对传统国际贸易理论的挑战——碳排放权成为稀缺要素，且这种要素的丰裕程度取决于国际谈判而不是自然禀赋，具有很大的不确定性，无法直接用来解释对贸易的影响结果。本章以国家竞争优势理论的钻石模型为基础，将碳排放等低碳因素纳入钻石体系之中，将对国际贸易影响重大的国际规则作为一个外部要素加入进来，以此构建低碳经济条件下国际贸易新的解释理论，分析低碳经济对贸易影响的作用机理、影响路径和方式，特别是从国外政策法规、国际规则和政府的做法三个方面出发的影响路径，用于指导本书其他部分的研究。

第三章介绍了各国低碳经济政策及其中隐含的贸易影响。本章介绍了我国主要的贸易伙伴——欧盟、美国和日本的低碳经济相关的战略、政策和法规，低碳相关的技术性贸易壁垒、碳税和碳关税等与贸易有关的情况，并分析其对贸易的影响。欧盟是低碳经济的领先者，低碳立法涉及面广且日趋完善，其中技术法规、标准已经对国际贸易产生影响，还有很多隐含贸易影响的做法，如碳排放交易体系等；美国由于不承担强制减排义务，因此低碳立法薄弱，主要涉及新能源领域，但在立法中尝试涉及碳关税问题；日本作为低碳经济的先锋，更注重国内的低碳发展，提高自身竞争力，对他国贸易的直接影响相对较小。

第四章研究低碳经济与国际贸易规则。全球应对气候变化和低碳发展也引起了世界贸易组织的关注和重视，并在技术性贸易壁垒委员会和贸易与环境委员会中开展讨论。多哈回合谈判中有多个议题与气候变化相关，包括贸易与环境谈判、农业谈判和非农谈判等。当前低碳经济发展面临的一些问题也将进一步促进新规则的形成，这些新规则包括国际层面、区域层面及价值链层面。

第五章研究低碳经济对我国对外经济贸易发展的影响。首先介绍了中国低碳经济发展的战略、政策和法规，并根据改进的国家竞争优势理论，从国外低碳政策法规、国际规则和国内低碳经济发展三个角度分析国内外低碳经济发展对我国对外贸易的影响。此外，还就我国低碳领域面临的贸易摩擦进行了分析。

第六章提出利用低碳经济发展契机实现外贸可持续发展的建议。该部分也是基于前面的理论分析框架，提出四个方面的建议：①将低碳发展战略与对外贸易发展战略有机结合，相互促进，使低碳战略能够为外贸转型和"走出去"战略服务；②从钻石体系的四个核心要素出发，结合中国经济、社会和环境资源特点，发展适合中国的低碳模式，以提升国家竞争优势；③积极参与多边、区域和双边规则制定，利用国际贸易规则来促进外经贸发展；④理性对待低碳领域的贸易壁垒，练好内功、做好预警。

第七章是结论与展望。本书的重点是构建低碳经济条件下的国际贸易理论分析框架，并结合实际情况进行分析，但还有很多问题需要在未来进行进一步的研究，包括低碳经济对贸易影响的实证研究等。

本书的主要观点和结论是：低碳经济对国际贸易的影响具有不确定性，难以对低碳经济对我国对外经贸的影响作出直接的判断，但是可以用国家竞争优势理论分析低碳经济影响国际贸易的作用机理、影响路径和方式。根据本书中发展和完善的国家竞争优势理论，低碳经济将从国际规则、机会和政府三个外部层面影响钻石体系，并通过钻石体系的四个要素相互作用，影响一国的竞争优势从而影响国际贸易。欧美日等国分别制定了大量与低碳相关的政策、法律和法规，并进一步影响国际规则的制定，包括世界贸易组织（WTO）规则和区域双边规则的制定。气候变化和低碳在多个方面影响多哈回合谈判，并在很多自贸协定中有所体现。我国作为碳排放强度和外贸依存度都比较高的国家，国外低碳要求将对贸易产生不利影响，但也会给我国带来技术革新的动力，有可能创造出新的竞争优势。因此，我国应该积极参与多边和双边规则的制定，利用低碳发展契机，将低碳发展与创造外贸竞争优势结合起来，实现外贸可持续发展。

本书的创新之处主要体现在三个方面：一是从低碳经济对一国竞争力及国际贸易规则的影响的视角出发来研究低碳经济发展问题，认为低碳经济发展对国家竞争力的影响是巨大的,对现有国际贸易规则也会带来巨大挑战;二是对低碳经济条件下国际贸易理论进行修正,在比较优势理论、要素禀赋理论和国家竞争优势理论的基础上,以国家竞争优势理论为基础,将碳排放因素纳入钻石模型中,并将国际规则作为一个单独外部要素加入进来,研究低碳经济对国际贸易影响的作用机理、影响路径和影响方式,构建低碳经济条件下国际贸易理论分析框架,并利用新理论分析低碳经济对贸易的影响;三是利用新修正的理论分析工具对实际问题进行分析,全面考虑低碳经济对我国对外贸易的实际和潜在影响,特别是国外低碳经济发展中隐含的贸易壁垒及其可能的影响,从促进外贸可持续发展角度出发,提出低碳经济发展的战略和对策。

# 目 录

第一章 引 言 ············································································· 1
  一、概述 ················································································· 1
    （一）问题的提出 ······························································ 1
    （二）研究的背景和意义 ····················································· 2
  二、国内外研究现状 ······························································· 5
    （一）关于低碳经济总体情况的研究 ····································· 6
    （二）关于低碳经济与国际贸易问题的研究 ·························· 7
    （三）关于碳税、碳关税、低碳标准与国际贸易和
          竞争优势问题的研究 ················································· 9
    （四）关于碳排放与进出口贸易问题的研究 ························ 11
    （五）低碳经济对国际贸易规则和格局方面的研究 ············· 12
  三、本书的研究目标和研究内容 ············································ 14
    （一）研究目标 ································································ 14
    （二）研究内容 ································································ 16
  四、本书的研究方法和技术路线 ············································ 17
    （一）研究方法 ································································ 17
    （二）技术路线 ································································ 18
  五、本书的创新之处和难点 ··················································· 19

第二章 低碳经济条件下国际贸易理论和分析框架 ··················· 21
  一、低碳经济起源和发展 ······················································ 22

二、低碳经济发展现状、存在的问题及涉及的主要内容 …………… 23
    （一）低碳经济发展现状 ……………………………………… 23
    （二）低碳经济发展涉及的主要方面 ………………………… 29
    （三）当前低碳经济发展中存在的问题 ……………………… 34
三、低碳经济对传统国际贸易理论的挑战 ………………………… 38
    （一）低碳经济对比较优势理论和资源禀赋理论等的挑战 … 39
    （二）低碳经济对国家竞争优势理论的挑战 ………………… 41
四、国家竞争优势理论的修正——低碳经济对贸易影响的理论分析
    框架 ……………………………………………………………… 47
    （一）低碳经济对贸易影响的理论框架 ……………………… 47
    （二）低碳经济对贸易影响的作用机理、影响路径和
         影响方式 ………………………………………………… 53

## 第三章 各国低碳经济政策及其中隐含的贸易影响 ……………… 67
一、欧盟低碳经济相关政策 ………………………………………… 67
    （一）欧盟低碳经济相关战略、政策和法规 ………………… 68
    （二）欧盟低碳经济相关的技术性贸易壁垒 ………………… 75
    （三）欧盟碳税和碳关税问题 ………………………………… 78
    （四）欧盟与国际贸易和投资有关的低碳政策总结 ………… 83
二、美国低碳经济相关政策 ………………………………………… 85
    （一）美国低碳经济相关战略、政策和法规 ………………… 85
    （二）美国的碳税和碳关税问题 ……………………………… 92
    （三）美国与国际贸易和投资有关的低碳政策总结 ………… 93
三、日本低碳经济相关政策 ………………………………………… 94
    （一）日本低碳经济相关战略、政策和法规 ………………… 95
    （二）日本低碳经济相关的技术性贸易壁垒 ………………… 100
    （三）日本与国际贸易和投资有关的低碳政策总结 ………… 100

## 目录

**第四章 低碳经济与国际贸易规则** ·········· 103
- 一、低碳经济发展对 WTO 多哈回合谈判的影响 ·········· 103
  - （一）WTO 对于气候变化和低碳经济的看法 ·········· 104
  - （二）WTO 框架内对气候变化问题的讨论 ·········· 105
  - （三）各国应对气候变化和低碳发展对多哈回合谈判的影响 ·········· 106
- 二、低碳经济发展对双边和区域贸易协定的影响 ·········· 109
- 三、低碳经济发展对国际贸易规则的影响 ·········· 112
- 四、低碳经济对国际贸易的影响 ·········· 113
- 五、低碳经济对与贸易有关的投资的影响 ·········· 115

**第五章 低碳经济对我国对外经济贸易发展的影响** ·········· 119
- 一、我国低碳经济发展现状 ·········· 120
  - （一）我国低碳经济发展战略、政策和法规 ·········· 120
  - （二）我国低碳经济相关的技术法规、标准和合格评定程序 ·········· 124
  - （三）我国低碳经济发展中影响贸易和投资的政策总结 ·········· 125
- 二、低碳经济对我国对外贸易的影响 ·········· 126
  - （一）国外低碳政策法规和标准对我国对外贸易的影响 ·········· 126
  - （二）国际规则变化对我国对外贸易的影响 ·········· 134
  - （三）我国低碳经济发展对对外贸易的影响 ·········· 134
- 三、与低碳经济有关的贸易摩擦 ·········· 135
  - （一）美国向 WTO 诉中国风能设备补贴案 ·········· 135
  - （二）美国对中国光伏电池和组件发起"双反"调查 ·········· 137
  - （三）美国对中国风电塔发起"双反"调查 ·········· 138

**第六章 利用低碳经济发展契机实现外贸可持续发展的建议** ·········· 141
- 一、我国低碳发展战略和政策应与对外贸易可持续发展战略相结合 ·········· 142

（一）将对外经贸发展纳入我国低碳发展战略之中 …………… 142
（二）低碳发展应当为对外贸易可持续发展战略服务 …………… 144
（三）低碳发展应当有助于我国"走出去"战略的实施 ………… 144

二、结合中国国情发展低碳经济，提升我国低碳竞争优势 ………… 145
（一）低碳发展应全面考虑经济、社会和环境的发展现状、
　　　特点和需要 ………………………………………………… 146
（二）低碳经济发展应有助于国家钻石体系发挥作用，提升
　　　国家竞争力 ………………………………………………… 148

三、积极参与低碳国际规则的制定 ………………………………… 150
（一）积极参与多边贸易与环境规则的制定，并有效利用
　　　WTO规则和气候变化规则 ……………………………… 151
（二）利用区域性贸易协定来促进区域内低碳贸易的发展 …… 153
（三）积极参与低碳领域国际标准的制定 …………………… 154
（四）重视国际范围内的私营标准及供应链中的低碳规则 … 154

四、理性对待低碳领域的贸易壁垒并做好预警 ……………………… 155
（一）关注低碳领域的贸易救济措施，争取公平贸易条件 …… 156
（二）关注发达国家与低碳相关的技术性贸易壁垒的推行，
　　　练好内功 ………………………………………………… 156
（三）关注碳关税和边境调节税的进展，研究应对思路 ……… 157

五、小结 ……………………………………………………………… 158

# 第七章　结论与展望 ……………………………………………… 161
一、结论 ……………………………………………………………… 161
二、进一步的研究方向 ……………………………………………… 164

# 参考文献 …………………………………………………………… 167

# 第一章 引 言

## 一、概述

### （一）问题的提出

自2003年"低碳经济"一词在英国发表的《我们未来的能源——创建低碳经济》白皮书中首次从官方角度提出以来，低碳经济的概念随着历次气候变化大会的召开而在全球推广，低碳经济和应对气候变化成为国内外舆论关注的焦点问题之一，并受到各国政府、企业和非政府组织的高度关注。有关低碳化发展的政策、法规、标准和具体实践纷纷出台，低碳城市、低碳超市、低碳产品、碳排放交易市场、碳金融等与低碳经济相关的概念也层出不穷，低碳经济发展呈现出蓬勃生机，而其中碳排放成为重要的指标。同时，欧盟、美国等对碳关税问题的讨论也引发了学术界对贸易问题的关注，并出现了一些关于"贸易中隐含碳问题"、"碳关税对贸易影响"等问题的研究。对于低碳经济将对国际贸易产生影响，这一点毋庸置疑，但是究竟全球低碳经济发展对贸易会产生怎样的影响？其作用机理和影响路径是怎样的？理论依据是什么？会以何种方式呈现？对我国对外经贸发展将带来怎样的机遇与挑战？我国怎样利用低碳经济发展契机来促进对外经贸的发展？传统的国际贸易理论并不能直接回答这些问题，低碳经济作为新生事物，对国际贸易的影响路径和作用机理还有待研究，只有明确低碳经济对国际贸易的作用机理、影响路径和影响方式，才能全面分析国内外低碳发展对我国对外经贸的影响，并找到有效的应对措施，这些是本书写作的初衷和想要回答的问题。

## （二）研究的背景和意义

20世纪，随着工业化的快速发展，能源的大量开发和使用所带来的环境问题引起人们越来越多的关注。在1979年于瑞士日内瓦召开的第一次世界气候大会上，科学家提出"大气中二氧化碳浓度的增加将导致地球升温"的警告，自此气候变化问题被提上议事日程。1988年联合国环境规划署和世界气象组织联合成立了联合国政府间气候变化专门委员会（Intergovernmental Panel on Climate Change，IPCC），对气候变化的状况和影响进行评估。IPCC 由科学家、观察员和政府官员组成，但本身并不做科学研究，而是对现有研究成果进行总结。① 1990年 IPCC 发表了第一份气候变化评估报告，提供了气候变化的科学依据。以该报告为基础，联合国大会于1990年建立了政府间谈判委员会，开始进行气候变化框架公约的谈判，最终促成了1992年联合国环境与发展大会上154个国家签署了《联合国气候变化框架公约》（United Nations Framework Convention on Climate Change，UNFCCC）（以下简称《公约》）。UNFCCC 的目标是将大气中温室气体浓度稳定在防止发生由人类活动引起的、危险的气候变化水平上。《公约》将世界各国分为两组：对人为产生的温室气体排放负主要责任的工业化国家（通常称附录Ⅰ国家）和未来将在人为排放中增加比重的发展中国家（通常称非附录Ⅰ国家）。为了明确附录Ⅰ国家的减排目

---

① 根据 IPCC 网站资料整理得来，http://www.ipcc.ch/organization/organization.shtml。

# 第一章 引言

标,在 IPCC 第二份报告的基础上,1995 年,UNFCCC 成员国通过了《京都议定书》,该议定书于 2005 年正式生效。到 2009 年底,UNFCCC 成员国先后召开了 15 次缔约方大会。从 2007 年巴厘岛会议开始,各国主要讨论《京都议定书》第一阶段承诺在 2012 年到期之后各国的减排责任问题。围绕《京都议定书》的执行及各国之间减排义务的承担,成员国之间展开了激烈的争论和博弈。以欧盟为主的积极推动者,由美国、加拿大、日本、澳大利亚等组成的伞形国家及以中国、印度、巴西和南非四国为代表的发展中国家之间展开了长期艰苦的谈判,经历了 2007 年巴厘岛会议(达成了"巴厘岛路线图",规定到哥本哈根会议时各方达成有约束力的《哥本哈根议定书》,以代替 2012 年到期的《京都议定书》,是《京都议定书》生效后历次会议中最重要的成果)、2008 年波茨南会议及 2009 年哥本哈根会议。

虽然哥本哈根会议未能像预期那样达成有约束力的减排协议,但是主要国家为此所做的努力和承诺进一步刺激了全球低碳经济的发展。在 2009 年哥本哈根气候大会前后,主要国家先后作出温室气体减排承诺。美国提出到 2020 年温室气体排放量在 2005 年的基础上减少 17%(这仅相当于在 1990 年的基础上减排不到 4%)。加拿大的目标与美国一样,据称这是为了"兑现加拿大对哥本哈根气候大会的承诺,并与北美大陆上的伙伴保持一致"。日本则承诺到 2020 年将在 1990 年的排放基础上减排 25%。欧盟则坚持到 2020 年将温室气体排放量在 1990 年的基础上减少 20%,并表示在其他发达国家提出有可比性的目标等条件得到满足的情况下,愿意把减排目标提高到 30%。① 中国也在哥本哈根会议前宣布控制温室气体排放的行动目标,决定到 2020 年单位国内生产总值二氧化碳排放比 2005 年下降 40%~45%②。印度则宣布到 2020 年二氧化碳排放量将比

---

① 温室气体排放未减反增 部分发达国家减排未达标 [EB/OL]. http://www.chinanews.com/gj/2011/11-29/3495405.shtml, 2009-11-29.
② 宋盈. 中国减排目标为哥本哈根会议带来新动力 [EB/OL]. http://www.chinanews.com/cj/cj-hbht/news/2009/12-06/2002426.shtml, 2009-12-06.

2005年减少20%~25%[①]。可以看出，为了达成哥本哈根协议，各国都对二氧化碳排放表现出了积极的态度，加上媒体的宣传和企业及非政府组织的参与，发展低碳经济、应对气候变化也随着各国的承诺而更加明朗。同时，在哥本哈根气候大会期间爆出的科学家"邮件门"事件，则为IPCC宣称的气候变化的科学性蒙上了阴影，使得学术界本来就存在的不同声音也显得更加响亮。

尽管对于气候变化问题学术界并没有达成完全的共识，是不是二氧化碳等温室气体导致了全球变暖还存在争议，各国政府特别是发达国家政府对于达成具有约束力的二氧化碳减排协议还存在很多争议；但是，以低化石能源消耗、低二氧化碳排放为主要特征的低碳经济发展迅速，并成为当今世界经济发展的潮流和趋势。降低对化石燃料的依赖，减少温室气体排放，推进低碳生产和消费被认为是控制温室气体从而减缓全球气候变暖的重要手段；促进低碳产业发展，获得新的经济增长点也成为各国竞争的重要领域，有如产业革命一样，谁在应对气候变化的低碳革命中占据优势地位、主导规则制定，谁就将在低碳时代获得更多收益，而贸易利益是其中的重要组成部分。为此，各国纷纷提出发展低碳经济的各项政策和措施，如鼓励新能源和清洁能源的开发和利用、提高能源使用效率、建设低碳城市、限制生产过程的二氧化碳排放、对资源产品征收碳税等各种措施，甚至考虑将碳税扩展到全球范围，对进口产品征收碳关税。各国国内采取的低碳政策和措施在很大程度上会影响一国低碳产业的发展方向和程度，从而影响该国相关产业的竞争力，并通过上下游产业之间的联系和互动影响相关产业的竞争力，这种竞争力的变化会影响该国及该国企业的竞争力的改变，从而在很大程度上影响一国的对外贸易。如能在低碳经济中发挥一国优势，占领技术制高点，则将在未来国际贸易中占据有利地位；否则，则可能在未来碳排放被纳入贸易体系后丧失原有的竞争优势，被进一步边

---

① 印度首次宣布减排目标：到2020年减排20%到25%[EB/OL]. http://news.xinmin.cn/rollnews/2009/12/05/3032458.html，2009-12-05.

缘化。我国如何利用发展低碳经济的契机，促进外贸增长方式的转变，同时掌握未来国际贸易规则和格局可能的变化方向，未雨绸缪，实现对外贸易的可持续发展是目前需要进一步研究的问题。

随着低碳经济的发展，其对国际贸易的影响越来越值得关注。传统的贸易和投资理论并未考虑二氧化碳排放的问题，当二氧化碳排放权作为一种新的稀缺资源被纳入到国际贸易之中时，传统的国际贸易和投资理论需要得到进一步的拓展和重新解释。低碳经济将通过何种方式来影响国际贸易，其作用机理和影响路径是怎样的？这些问题也有待进一步研究，以便从理论角度加以分析和解释，并用于分析研究低碳经济对国际贸易及我国对外经贸的影响，从而找出应对策略。构建适合低碳经济条件的贸易理论来研究低碳经济对贸易的影响，并作为理论依据来指导对实践的研究，这也是本书研究的理论意义。现实中，碳关税问题不断被提出，尽管其是否符合 WTO 规则以及实施的难度仍有待探讨；以与低碳相关的技术法规、标准和合格评定程序为表现形式的技术性贸易壁垒对国际贸易的现实和潜在影响越来越突出。在理论研究的基础上，研究现有低碳政策，分析低碳政策对相关产业、技术和竞争力的影响，研究其对国际贸易规则的影响，预测未来国际贸易规则的变化，对于我国更好地参与国际分工，实现贸易利益意义重大；同时研究低碳经济对我国对外贸易的机遇与挑战，也可以更好地利用低碳经济促进对外贸易可持续发展。从当前对外贸易亟须解决的问题出发探讨低碳经济发展的侧重点和策略对于我国充分把握低碳经济发展契机，获得新的竞争优势具有积极的现实意义。

## 二、国内外研究现状

目前，国内外关于低碳经济的研究日益增多，体现在低碳经济的各个方面，如低碳经济发展模式、低碳经济与中国经济转型、低碳经济与能源问题、碳排放权交易问题、二氧化碳减排问题、低碳城市发展、低碳建筑、低碳经济政策和制度等。关于低碳经济对国际贸易的影响也吸引了很多学者的关注，比如对碳关税的研究，国际贸易中隐含碳的研究等，得到了很多非常有意义的研究成果。2009年底，国内外对低碳经济对贸易影响的研究更多涉及贸易中的隐含碳问题，对于低碳经济对贸易产生哪些影响研究的还较少；而2010年底通过文章检索发现有关国外低碳政策对国际贸易影响的文献也开始增多，特别是有关国外低碳政策、碳税、碳关税等方面的文献。但对于低碳经济如何影响国际贸易，其作用机理、影响路径和影响方式等，无论是从理论角度还是从现实角度，涉及的还不多；从国家竞争优势的角度来分析研究低碳经济对贸易影响的文献在本书写作之初也未能检索到，低碳经济对国际贸易规则的影响方面的研究也不多见。尽管如此，学术界对于低碳经济的相关研究对本书写作提供了丰富的研究基础和素材，对于全面理解低碳经济、从理论和实践角度分析低碳经济及其对贸易的影响提供了思路和指引。

## （一）关于低碳经济总体情况的研究

低碳经济在英国学术界讨论得非常早，2003年2月24日由英国发表的《我们未来的能源——创建低碳经济》的白皮书首次从官方角度提出"低碳经济"的概念，由此"低碳经济"正式进入公众视野。英国政府虽然提出了这一概念，但没有给出衡量低碳经济的标准和指标体系。解决气候变化问题、实现低碳经济发展的最终途径是切断经济增长与温室气体排放之间的联系。庄贵阳（2007）表示，国际上通常用"脱钩"指标来反映经济增长与物质消耗不同步变化的实质，从长期来看，一个国家走向低碳经济的过程就是温室气体排放和经济增长逐渐脱钩的过程。2006年10月发表的《斯特恩报告》认为，从全球层面来看，如果没有足够的政策干预，人均收入增长和人均排放之间的正相关关系将长期存在。必须通过适当的政策措施，才能打破这种联系。庄贵阳（2007）利用Tapio（2005）

关于脱钩弹性和脱钩指标的分类方法，通过对2003年全球20个温室气体排放大国在不同时期的脱钩特征进行分析，发现发达国家的发展实践表明，实现温室气体排放与经济增长的强脱钩是完全可能的，但是，实现绝对的低碳经济发展是一个长期复杂的系统过程。除英国之外，其他发达国家在实现低碳经济发展的道路上都曾出现过波动。对于广大发展中国家来说，采取相应的政策措施，努力做到相对的低碳经济发展更为现实。庄贵阳（2005）认为，中国经济低碳发展可能的途径是调整能源结构、提高能源效率、调整产业结构、遏制奢侈浪费等。

从最新的文献检索情况看，目前国内外关于低碳经济的研究已经非常丰富，体现在低碳经济的各个方面，且引用率较高的文献多集中在2008年至2010年之间，如低碳经济概念（潘家华、庄贵阳等，2010）、低碳经济发展模式（付允等，2008）、低碳经济与中国经济转型（金乐琴等，2009）、低碳经济与能源问题（成思危，2010）、碳排放权交易问题（曲如晓等，2009）、碳金融（刘倩等，2010）、二氧化碳减排问题（国务院发展研究中心课题组等，2009）、低碳城市发展（戴亦欣，2009）、低碳建筑（李启明等，2010）、低碳经济政策和制度（任力，2009）等方面；关于低碳经济对国际贸易的影响也吸引了很多学者的关注，比如对碳关税的研究（沈可挺、李钢，2010）、国际贸易中隐含碳的研究（齐晔等，2008）等，形成了很多非常有意义的研究成果。最新的研究则更关注低碳经济发展的细节和具体落实问题，如低碳经济指标体系和评价方法（吕学都等，2013）、路径设计（贾林娟，2014）、跨区域低碳发展创新机制（余晓钟等，2013）、碳会计（孟晓俊等，2013）等，还有基于一批基于各省、市情况的低碳经济研究成果。

## （二）关于低碳经济与国际贸易问题的研究

2007年，世界银行发布了一份《气候变化与国际贸易》的报告，从经济、法律和制度视角出发，对气候变化与国际贸易相关问题进行了研究，包括：气候变化对国际贸易带来的机遇与挑战；发展中国家清洁能源及相关技术的贸易自由化；世界贸易组织（WTO）框架内环境产品和服务的贸易自由化等。

2009年6月26日，世界贸易组织与联合国环境规划署（UNEP）共同发表了一份报告——《贸易和气候变化》，该报告首次阐释自由贸易与气候变化的关系，从四个层面分析了相互交织的贸易和气候变化问题，包括当前气候变化的科学体系、贸易与气候变化的理论与证据、应对气候变化的多边协作、减缓与适应国家气候变化政策及其对多边贸易的影响。报告强调，自由贸易将以各种方式对实现温室气体减排产生积极的影响，反过来气候变化会影响到国际贸易流转的数量和模式，这将可能会改变某些具有相对优势国家的贸易地位，并导致国际贸易格局的变化。此外，气候变化也增加了国际贸易所依赖的供应、运输和销售链条的脆弱性，而这些易受损害的脆弱性又反过来增加了国际贸易的成本。报告指出，各国减少温室气体排放和提高能源效率的国家政策，已经从传统的管理手段转为经济激励和财政措施的综合应用。各国错综复杂的国内政策措施有可能对国际贸易和多边贸易体系产生影响。

2010年7月22日，联合国贸发会议在德国发布《2010年世界投资报告——低碳经济投资》，该年度报告重点关注气候变化问题，以跨国公司的低碳投资为主题。报告认为跨国公司既是碳排放大户，又是主要的低碳投资者，因此，它们既是气候变化问题的一部分，又是其解决方案的一部分。跨国公司可以通过改进本国和国外业务的生产流程，供应更清洁环保的货物和服务，提供应对气候变化所急需的资本和尖端技术，为全球应对气候变化作出贡献。随着世界转向低碳经济，跨界低碳投资潜力巨大。对发展中国家来说，跨国公司的低碳投资能够帮助其提高出口竞争力并扩大生产能力，帮助其过渡到低碳经济。但是，此种投资也具有经济和社会风险，这种风险就是碳泄漏。报告认为碳泄漏将对全球减排努力和经济发展产生影响，但是它的程度和影响还很难评估，因此不应在边境处理碳泄漏问题（比如征收碳关税或边境调节税），而是可以在源头处理这一问题，通过公司治理机制（如改进环境报告和监测等）作出努力。与投资相关的政策需要立足于单个国家的社会、经济和管制条件，力求实现低碳投资效益最大化和风险最小化。报告还建议建立全球伙伴关系并倡导采取切实举措来促进低碳投资，包括制定清洁投资促进战略、扶持和推广清洁技术、确保国际投资协定为缓解气候变化作出贡献、统一企业温室气体排放披露做法及建立一个国际低碳技术援助中心等几个方面。

## （三）关于碳税、碳关税、低碳标准与国际贸易和竞争优势问题的研究

David Pearce（1991）认为，尽管科学界对于全球变暖的真正程度还有争议，但对于经济学的观点来看，只要满足一定的条件（如果变暖发生会产生巨大的破坏，这个破坏是不可逆转的），则不确定性不会改变合适的政策态度，初始控制温室气体排放的成本是低的，温室气体控制除了抑制全球变暖外还能带来额外的或者共同的好处。David Pearce 很早就研究碳税的问题，但并未分析碳税对国际贸易的影响。

熊焰（2010）认为，碳关税是美国奥巴马政府以绿色产业带动经济复苏，进而在危机过后抢占未来产业制高点的备选手段之一。对于中国这样一个世界工厂，碳关税无疑是当头一棒。中国是高碳经济，中国制造的成本优势主要来自劳动力的低工资，如果按照美国的产业标准加上碳排放成本，中国当前电价要涨一倍，太阳能电池组建与美国生产相比将没有任何优势，其他行业的成本结构与此相比也大同小异。

夏先良（2009）认为，碳关税本质上是一个国际政治经济问题，背后隐藏复杂的战略利益分配关系，已经失去削减碳排放的意义，在理论上缺乏支持前提和基础，在实践上难以实现。欧美等发达国家利用碳关税的市场化手段，企图借助其经济、贸易、科技霸权，表面上声称为了解决全球性环境问题，借环境保护的名义，实质上为了减轻应负的责任和收到减排指标约束的损失代价，降低减排成本代价，推卸对全球气候变暖的责

任，推行贸易保护主义，保护国内市场，打压新兴市场国家的出口，减轻财政与经常账户赤字，压制中国等出口大国的竞争力。

顾列铭（2009）认为，碳关税的实施只能是发达国家一方得益，从效果看，发达国家利用碳关税压制发展中国家可谓名正言顺且威力巨大，发展中国家一旦被征税，又是一场新的产业灾难。国际碳关税将改变现有国际贸易格局，首先是贸易结构效应，即改变国际贸易商品结构，使低碳产品在国际贸易商品结构中的比重上升；其次是贸易优势效应，实施碳关税使气候成本内部化，将改变某些国家的比较优势，甚至使比较优势逆转，从而改变目前的国际贸易格局；最后是贸易歧视效应，因各国减排能力不同，实际上隐含歧视性。在当下是违反WTO基本规则的做法。

保罗·克鲁格曼（2009）则在其《纽约时报》的专栏文章指出，"期望中国人有节制地生活，而我们自己在经济发展的时候却不必节制，这是不公平。但即使中国为外国消费者制造产品而产生温室效应气体，中国仍然有自己要负的责任，因为这是对整个地球的责任。中国既然希望外国消费者承担责任，就不应当反对征收碳关税"。

郑晓博、苗韧、雷家骕（2010）对碳税和能源效率标准这两种常用的能源气候变化措施对贸易竞争力的影响进行了研究，发现碳税和能源效率标准对于贸易流都有反作用，因此影响了贸易竞争力。但是，碳税的影响程度没有理论预期那么强烈，是因为如果存在着政府的资助或者免除的情况下，反作用可能被抵消，贸易甚至有可能会增加。

陆燕、于鹏（2010）对贸易发展与气候变化相互关系、冲突与融合进行了研究，指出与贸易有关的气候政策对贸易发展提出新挑战，包括技术转让、碳关税、技术标准、与气候有关的贸易摩擦等方面，都会对贸易产生影响。

吕维霞、李茹、屠新泉（2010）对应对气候变化政策与多边贸易体制的关系进行了研究，分析了多边贸易体制与气候变化政策潜在的一致性与冲突性，并介绍了各国政府所采取的气候变化政策类型及其对国际贸易的影响。

### （四）关于碳排放与进出口贸易问题的研究

国际贸易情况下，温室气体排放的责任是应该由产品和服务的生产国来承担，还是应该由产品和服务的消费国来承担？Ahmad 和 Wyckoff（2003）发现经济合作与发展组织（OECD）国家大概 14% 的二氧化碳排放是隐含在进口中的，其中很多国家通过进口转移了 25% 的二氧化碳排放。Peters 和 Hertwich（2006）发现对于挪威，大概 50% 的进口污染转移来自于发展中国家，虽然来自于发展中国家的进口只占挪威进口的 10%。

Tao Wang 和 Jim Watson（2007）名为《谁应对中国的碳排放负责》的研究报告发现，从"碳出口"的角度研究中国贸易出口与温室气体排放的关系后发现：2004 年，中国大约 11.09 亿吨的二氧化碳排放是由净出口导致的，占中国当年二氧化碳排放总量的 23%。中国的贸易顺差之所以导致大量的碳排放是因为其出口产品基本属高能耗、高污染、高碳的资源型产品。李丽平等（2008）也认为，中国的碳排放增长不仅要考虑历史发展的阶段性因素，更要考虑现代贸易和投资引发的转移性因素。中国出口产品消费者对中国的碳排放增长负有不可推卸的责任。碳出口逐渐增加这个问题应该引起我国气候变化政府谈判人员的高度重视，全球贸易意味着一个国家的碳足迹也是世界性的，仅仅关注国内的排放问题可能会丢失很多利益。

刘强等（2008）撰文《中国出口贸易中的载能量及碳排放量分析》，对中国 46 种主要的出口贸易产品的出口载能量进行了分析，从分析的结果看，这些产品在出口的过程中带走了大约 13.4% 的国内一次能源消耗，碳排放量约占全国碳排放量的 14.4%。出口产品生产过程中产生的大量环境污染和温室气体排放，一方面使中国面临来自国际社会的更大的减排压力（如要求中国减排温室气体的压力），另一方面也加大了中国国内经济生产的社会成本。

## （五）低碳经济对国际贸易规则和格局方面的研究

目前，关于低碳经济对国际贸易规则和格局方面的研究仍不多，程大为（2010）对世界贸易组织气候变化问题谈判的议题及中国的战略进行了研究，分析了多哈回合涉及和关注的一些与气候变化相关的议题，包括在环境产品的定义与关税减让、边境税调节、碳标签、知识产权和补贴等。施用海（2011）认为低碳经济将对商品贸易格局和地区贸易格局产生影响，高碳产品在贸易中的比重将下降，低碳产品比重上升；低碳服务贸易将不断扩展，与低碳相关的技术转让和合作将更多；低碳型的发达国家将在贸易中处于有利地位，而新兴经济体面临的挑战大于机遇。还有一些对该问题的描述在一些文章中简单提及。

从最新的国内文献检索情况看，截至2014年6月25日，万方数据库中以"低碳经济"为检索词检索出的正式出版的学术论文（包括期刊论文、学位论文和会议论文等）达43626篇，其中经济类文章18815篇，法律类文章864篇；近3年的学术论文数量是27863篇，其中经济类1029篇，法律类159篇。而以"低碳经济"加"贸易规则"检索，则仅有4篇论文，经济类3篇，法律类1篇。考虑到低碳经济与应对气候变化密切相关，本书还以"气候变化"加"贸易规则"进行检索，万方数据库仅检索到2篇，且已经包含在上述4篇之中。

从国外研究情况看，根据Springer Link检索情况，按模糊检索，以"low carbon economy"为检索词检索出的论文数量为19523篇，其中经济类文章2612篇，法律类文章368篇；而以"low carbon economy"加"trade rule"为检索条件，共涉及2505篇，其中经济类1059篇，法律类180篇。如果按精确检索，以"low carbon economy"为检索词检索出的论文数量为290篇，其中经济类文章90篇，法律类文章21篇；而以"low carbon economy"加"trade rule"为检索条件，共涉及3篇，其中经济类1篇，是关于中国出口产品隐含碳的成本承担问题（ZhongXiang Zhang，2012）。以"climate change"和"trade rule"为检索条件,Springer Link 数据库精确检索也只检索到经济类论文72篇,法律类论文10篇,其中与国际经济相关的仅8篇,主要涉及碳关税或碳边境调节措施的WTO合规性和贸易效果、区域性贸易协定中的低碳合作等方面。考虑到世界银行对低碳经济的关注和研究程度很高,本书又进一步对世界银行数据库进行检索,以"low carbon economy"为检索词共得到各类研究报告和工作论文1548份,涉及低碳经济的各个方面及不同国家的低碳发展问题,而以"low carbon economy"加"trade rule"为检索条件,并未检索到任何文献。概括来说,国外低碳经济研究更多从技术、环境及社会角度来研究低碳经济,与规则相关的研究也更多关注在一国层面的低碳规则,如碳关税、与低碳相关的国际政策和做法、国际环境领域的规则等,国际贸易规则相关的研究还相对较少。

就低碳经济对国际贸易规则的影响而言,国内学者边永民(2009)较早地从法律视角探讨了应对气候变化将怎样影响国际贸易规则,从联合国气候变化谈判视角分析其中可使用的贸易措施及这些措施是否会引发与WTO规则的摩擦;黄河、赵仁康(2010)对低碳经济与国际贸易规则的重塑进行了研究,从国际规则形成的三个机制出发,提出低碳经济将导致碳关税等新贸易壁垒涵盖领域不断扩展、WTO的规则框架将由环境保护所主导;施用海(2011)从低碳经济对贸易规则和格局的影响出发,提出"与低碳经济相关的单边贸易措施与多边贸易规则的潜在冲突,可能成为新贸易壁垒";陈红娜(2013)从碳关税、碳补贴和碳标记三个角度分析了国际贸易规则对低碳经济的制约,并探讨了低碳经济对国际贸易规则可能带来的影响;王谋(2014)则以碳关税的合理性、合法性、形成争议的原因为基础,分析碳关税的国际治理模式。国际上,世界银行(World Bank,2007)在其研究报告《国际贸易与气候变化》中,利用局部均衡方法估计了欧盟对美国出口产品征收"京都税"或者碳关税对贸易的影响;Michael Friis Jensen(2009)对碳边境调节措施的执行问题进行了探讨,认为碳边境调节措施的可行性和具体执行仍然存在问题,特别是碳足迹的衡量或碳核算问题及碳关税如何具体实施问题,这两项研究虽然是从宏观贸易角度进行探讨，但并未涉及国际贸易规则问题。真正涉及国际贸易规则的研究主要体现在前文所述 WTO 与联合国环境规划署共同发表的《贸易和气候变化》，报告中分析了贸易与气候变化的关系，认为各国减少温室气体排放和提高能源效率的国家政策，已经从传统的管理手段转为经济激励和财政措施的综合应用，各国错综复杂的国内政策措施有可能对国际贸易和多边贸易体系产生影响，其中涉及各类贸易政策的 WTO 合规性等问题，这是国际贸易规则涉及的内容。

总体来说，目前国内外关于低碳经济与国际贸易规则的文章更多关注的是一国或区域层面的贸易政策和措施及其对贸易产生的可能影响，如碳税和碳关税等；从国际贸易规则形成角度研究的还不多见。与低碳相关的国际贸易规则，特别是宏观贸易规则对贸易的影响不可小觑，我国作为碳排放大国，低碳领域国际贸易规则的形成对我国产品出口将产生重大影响，因此，研究低碳经济对国际贸易规则的影响并提出中国的应对措施是本书的重点，也是本书的贡献所在。

本研究试图在前人研究基础上，从理论和实践两个层面研究低碳经济对一国竞争优势的影响及对国际贸易的影响，从低碳经济对贸易影响的作用机理及我国外向型产业的现状出发，探讨低碳经济对国际贸易规则的影响及对我国外经贸的影响，并在此基础上，提出利用低碳经济发展契机实现外贸可持续发展的对策建议。

# 三、本书的研究目标和研究内容

## （一）研究目标

本书将结合比较优势理论和国家竞争优势理论来研究低碳经济影响国

第一章 引言

际贸易的方式、作用机理和影响路径，在现有国际贸易理论基础上拓展和构建低碳经济条件下的国际贸易理论，并根据该理论来分析低碳经济对国际贸易竞争力的影响，结合各国现有的低碳政策和做法，分析各国在低碳经济条件下的竞争优势和贸易趋向，研究低碳经济对国际贸易规则和格局的影响；力图拨开笼罩在低碳经济面上的浮云，显现低碳经济对我国对外经贸利益的实质影响，并试图提出促进低碳经济与我国对外经贸协调发展的思路与建议。研究的主要目标是：

1. 从理论层面探讨低碳经济发展模式对一国竞争力及国际贸易的影响，基于国家竞争优势理论构建低碳经济条件下的国际贸易理论

研究将碳排放等因素纳入国际贸易考虑的因素之中后，国际贸易理论的发展和适用问题，即研究国际贸易理论如何在新形势下发展依然对于贸易具有解释力和指导意义。本书将探讨比较优势理论、要素禀赋理论及国家竞争优势理论在低碳经济条件下的不足和进一步发展问题，并从国家竞争优势理论出发，探讨低碳经济条件下影响一国竞争力的因素，将碳排放等低碳经济涉及的问题纳入到钻石模型的各个因素之中，并分析这些低碳因素对国家竞争优势的影响；将影响贸易的国际规则作为单独一项影响要素加入到钻石模型之中，从国家竞争优势理论的四个核心要素再加上机会、政府和国际规则三个要素，分析低碳经济对一国产业竞争力的作用机理、影响路径，构建基于国家竞争优势理论的低碳经济条件下的国际贸易解释理论。

本书将探索低碳经济对国际经济贸易影响的作用机理、影响路径和影响方式等问题，包括对贸易规则的影响的理论分析，梳理低碳经济影响国际贸易的关键因素和内容，在已有国际贸易理论基础上加入碳排放这一因素，研究碳排放因素的加入对比较优势、竞争力和国际贸易分工的影响，从而探讨国际贸易和投资格局在低碳经济条件下将发生何种变化。

2. 从实践层面分析各国低碳经济政策及其贸易影响，并分析其对国际规则的影响

本书通过研究主要贸易对象国低碳经济政策及其直接影响和间接影响，揭示低碳经济背后的贸易利益。在理论研究的基础上，根据低碳经济对国际贸易影响的作用机理，结合主要贸易对象国低碳经济发展模式和相关政策法规，分析其直接或间接对贸易的影响，并分析低碳经济对WTO多哈回合谈判、WTO规则、区域及双边贸易规则的影响。由于全球对气候变化和二氧化碳减排的关注以及各国低碳经济实践将影响WTO多边贸易规则的谈判，本书力图通过研究各国对待低碳经济的态度、相关政策做法，及其对多哈回合贸易与环境谈判的影响，以及未来国际规则的发展趋势，以更好地分析国际规则作为一个外部要素对我国贸易竞争优势的影响。

3. 从实践层面分析低碳经济对我国对外经贸的影响

无论是我国的低碳经济发展还是国外的低碳经济发展都会对我国贸易的竞争力产生影响，并进一步影响对外贸易。本书将在前面思路研究的基础上，重点从国外低碳政策法规、国际规则和我国政府政策三个方面来分析低碳经济对我国对外经贸的影响，以更好地理解低碳经济的影响力和作用，并为后面提出对策建议奠定基础。

4. 提出中国利用低碳经济实现外经贸可持续发展的战略与政策选择

本书将在前面研究的基础上，分析我国低碳经济发展对国家竞争力提升的关键因素，并从提高我国对外经贸竞争优势和可持续发展的角度，提出中国利用低碳经济实现外经贸可持续发展的战略与政策选择。

## （二）研究内容

低碳经济的发展使二氧化碳排放成为影响经济贸易发展的重要因素，

也对传统的国际贸易理论提出了新的挑战。在低碳经济条件下,各国政府、企业和民间社会所采取的各项与低碳相关的政策和做法将如何作用于国际贸易,对一国竞争力有何影响,对国际贸易规则有何影响,这种影响是通过何种传导机制和影响途径发挥作用的,从结果看对我国对外经贸可持续发展会有哪些有利和不利的影响,在这种影响下中国如何趋利避害,实现外贸可持续发展,这些是本书希望解决的问题。基于此,本书将深入研究以下几个方面的问题:①低碳经济与国际贸易和投资理论;②各国低碳经济发展的主要政策及其中隐含的贸易壁垒;③低碳经济对国际贸易和投资规则的影响;④低碳经济对我国对外经济贸易发展的影响;⑤利用低碳经济发展契机实现外贸可持续发展的建议;⑥结论与需要进一步研究的问题。

## 四、本书的研究方法和技术路线

### (一) 研究方法

本书以低碳经济对贸易的影响为研究内容,以国家竞争优势理论为理论基础,以低碳经济对贸易影响的途径与方式为研究主线,从理论和实践两个层面进行分析,强调经济学、政治学和法学等多学科的交叉研究,综合运用理论研究、国别研究和典型案例研究等方法,注重理论创新和应用。在理论层面,对低碳经济对国际贸易影响的作用机理、影响路径和方式进行探讨,基于国家竞争优势理论中钻石模型涉及的各个因素进行分析,构建低碳经济条件下国际贸易的解释理论和分析框架。这部分主要采用文献分析法和规范研究方法。在实践层面,结合理论研究得出的结论,分析研究各国低碳政策对国家竞争力的影响及低碳政策和做法转化为贸易壁垒的途径和方式,并结合中国的实际分析低碳经济对我国对外经贸竞争优势的影响。这部分主要采用国别研究、案例分析及专家访谈等方法。

在研究低碳经济对国际贸易影响的解释理论和研究框架方面,本书主要采用文献分析法,分析现有国际贸易理论(包括比较优势理论、要素禀赋理论和国家竞争优势理论等)在解释低碳经济条件下国际分工和贸易竞争力方面存在的不足,并采用抽象归纳法对低碳经济对贸易影响的作用机理、影响路径和方式进行规范研究。

在研究各国低碳经济发展的主要政策及其中隐含的贸易壁垒时主要采取文献分析和相关部门调研的方式掌握主要低碳政策;在分析低碳经济政策中隐含的贸易壁垒时则需要综合考虑政治学、法学和经济学的相关理论,归纳总结低碳经济转化为贸易壁垒的途径和形式。

在研究低碳经济对国际贸易及规则的影响时则主要采用推理的方法,在前面解释理论的基础上,结合各国实际的低碳经济发展现状,分析低碳经济对贸易的影响;利用已有的各国对碳排放的态度和已经采取的措施,各国之间利益的焦点等信息,结合以往经验,对多边、区域和双边层面贸易规则的变化进行推论。

在研究低碳经济政策对我国对外经贸影响时则采用推理和案例分析结合的方法,研究我国低碳经济发展现状对我国竞争优势的影响,并利用有关统计数据分析我国出口中的碳排放情况,进而研究国外低碳经济对我国对外经贸的影响。

对于中国利用低碳经济发展契机实现外贸可持续发展则采用规范分析方法,从目标出发来得出行动方案。

## (二) 技术路线

本书的技术路线首先分理论和实践两条线进行分析,然后再合并起来进行研究,得出结论。具体如下:①通过文献资料、数据和案例的收集、

第一章 引 言

整理和分析研究低碳经济产生的背景和发展现状，各国低碳经济政策和措施、低碳经济发展模式对传统贸易理论的挑战，在此基础上研究传统国际贸易理论的不足，将碳排放因素和低碳政策、做法等因素加入进来，构建新的国际贸易解释理论和分析框架。②利用前面搭建的解释理论和分析框架来分析低碳经济条件下国际贸易竞争力及国际分工的变化；通过文献资料、数据和案例的收集整理与分析研究各国低碳经济政策及其隐藏的贸易壁垒，归纳总结低碳政策通过碳排放这一要素转化为贸易壁垒的途径和形式，及其对贸易的影响。③在①和②的基础上，结合专家访谈、政府部门、行业协会和企业调研，分析中国低碳经济发展现状及当前实现外贸可持续发展亟须解决的问题，并将两者结合起来分析低碳经济对我国竞争力的影响因素，并根据低碳经济对国际贸易影响的作用机理、影响路径和方式，从目标出发反推可以采取的措施，提出利用低碳经济契机实现外贸可持续发展的策略选择。

## 五、本书的创新之处和难点

本书的创新之处主要体现三个方面：一是从低碳经济对一国竞争力及国际贸易规则的影响的视角出发来研究低碳经济发展问题，认为低碳经济发展对国家竞争力的影响是巨大的，对现有国际贸易规则也会带来巨大挑战。二是对低碳经济条件下国际贸易理论进行修正，在比较优势理论、要素禀赋理论和国家竞争优势理论的基础上，以国家竞争优势理论为基础，将碳排放因素纳入到钻石模型中，并将国际规则作为一个单独外部要素加入进来，研究低碳经济对国际贸易影响的作用机理、影响路径和影响方式，构建国际贸易理论分析框架，并利用新修正的理论分析低碳经济对贸易的影响。三是利用新修正的理论分析工具对实际问题进行分析，全面考虑低碳经济对我国对外贸易的实际和潜在影响，特别是国外低碳经济发展中隐含的贸易壁垒及其可能的影响,从促进外贸可持续发展角度出发提出低碳经济发展的战略和对策。

本书的主要难点在于低碳经济对国际贸易影响的理论分析框架的构建,以及提出实际有效的对策建议。

# 第二章 低碳经济条件下国际贸易理论和分析框架

低碳经济的产生和发展有着复杂的背景：从政府层面看，一方面是对气候变化的有效应对，以当前的低成本应对来避免气候变化发生后产生的高成本损失；另一方面是各国为获得新的竞争优势而进行的一场产业革命，是新一轮的产业竞争和博弈。从企业层面看，作为经济中最重要、最活跃的一分子，在政府政策法规、社会舆论宣传及自身绿色合规发展等多重力量的推动下，也积极投身低碳经济建设，并成为促进低碳发展的重要力量。低碳经济的发展使二氧化碳排放成为影响经济贸易发展的重要因素，也对传统的国际贸易理论提出了新的挑战。传统贸易理论在考虑资源禀赋或生产要素时并未将碳排放考虑在内，而在低碳经济条件下，特别是为实现2摄氏度目标，使大气中二氧化碳浓度在450ppm之下，为此而要求全球将碳排放控制在约8000亿吨范围以内时①，二氧化碳排放就成为稀缺要素，各国的碳排放权及减少碳排放的能力都将成为影响贸易的重要因素。低碳经济本身涉及面非常广，所有行业都涉及减排的问题，而为了实现减排，又有相应的法规、政策、税收、标准、认证、标签等一系列的促进低碳做法，这些做法会直接或间接影响一国的竞争优势，各国有关低碳的理念和做法又会影响国际贸易规则的制定和谈判。本章将介绍低碳经

---

① IPCC、G8及OECD长期减排方案 发达国家的陷阱，中国科学院丁仲礼副院长12月16日新闻发布会［EB/OL］.中国科普博览网站, http：//www.kepu.net.cn/gb/special/200912_01_gbhg/wz/z01.html, 2009-12-16.

济发展背景、现状、问题及主要内容,并在此基础上,总结现有国际贸易理论的不足,结合资源禀赋理论、战略性贸易政策理论和国家竞争优势理论,分析低碳经济对国际贸易影响的作用机理、影响路径及影响方式,构建低碳经济条件下国际贸易解释模型,并为以后各章研究和分析低碳经济对贸易的影响奠定理论基础。

# 一、低碳经济起源和发展

1979年第一次世界气候大会在瑞士日内瓦召开,气候变化问题首次作为一个引起国际社会关注的问题被提上议事日程。1990年IPCC发表了第一份气候变化评估报告,提供了气候变化的科学依据。1992年,154个国家签署了《联合国气候变化框架公约》(UNFCCC)。《公约》呼吁缔约方在一定的时间内达到这一目标,使生态系统可以自然适应气候变化,确保粮食生产不受威胁,并促使经济以可持续的方式发展。《公约》所有缔约方都有义务编定国家温室气体排放源和汇的清单,并承诺制定适应和减缓气候变化的国家战略,在社会、经济和环境政策中考虑到气候变化。它们还必须促进可持续管理、节能、增强温室气体汇的功能,包括森林和其他所有陆地、沿海和海洋生态系统。

发达国家作为温室气体的主要责任方,较早开始关注气候变化问题。20世纪90年代以来,学术界就开始对低碳经济进行研究,2003年,英国政府首次从官方层面提出低碳经济概念,在其《我们能源的未来:创建低碳经济》(Our Energy Future: Creating a Low Carbon Economy)白皮书中指出低碳经济是用更少的自然资源生产更多的东西,同时产生更少的污染,白皮书还提出了英国向低碳经济转型的新能源政策。2006年英国发布《斯特恩报告》(Stern Review),对全球气候变化的经济影响做了定量研究,指出全球每排放1吨二氧化碳,将造成至少85美元的破坏。世界各国必须拨出1%的GDP（即约1840亿英镑）来对抗全球变暖，这样可以避免每年5%~20%的GDP损失。《斯特恩报告》的发布，在更大程度上推动了全球对应对气候变化和发展低碳经济的认同。自此，低碳经济在全球推广并进入快速发展阶段。

## 二、低碳经济发展现状、存在的问题及涉及的主要内容

自联合国气候变化框架公约签署以来，全球对于气候变化的关注日增，对二氧化碳减排的呼声使得碳排放成为影响国际社会和各国经济决策的重要因素，尽管气候变化谈判自2009年以来进展缓慢，到目前为止还没有形成后京都议定书时代有约束力的减排文件，有些发达国家甚至对《京都议定书》打退堂鼓，但这并没有影响以低能源消耗、高能效、低二氧化碳排放为主要特征的低碳经济的发展。低碳经济发展与提高能源使用效率、减少化石能源使用和提高可再生能源使用比率密切相关，因此几乎涉及所有产业部门，涉及经济贸易的各个方面。了解低碳经济发展现状、涉及的主要内容及低碳经济发展的趋势和存在的问题，对于构建低碳经济对贸易影响的解释理论和分析框架非常重要。

### （一）低碳经济发展现状

低碳经济与应对气候变化密不可分，没有全球应对气候变化的努力，就不会有低碳经济的发展，并且全球应对气候变化，包括气候变化问题谈判的走向将会直接影响低碳经济的发展方向。因此，了解低碳经济的发展现状就需要了解全球气候变化谈判的现状、趋势，并与低碳经济的发展结合起来考虑。要了解低碳经济对贸易的影响，就需要了解低碳经济的发展

趋势、与贸易的联系、作用机理等，后者将在后面进行描述。

自2007年应对气候变化的"巴厘岛路线图"出台以来，全球不同阵营的国家围绕碳减排、技术和资金支持等关键问题展开了长期艰苦的斗争，但进展缓慢。与此相对的，以降低碳排放为核心的低碳经济风起云涌，势头正猛。

## 1. 不同阵营对气候变化谈判态度各异，利益诉求有分歧

由于不同国家二氧化碳历史排放和当前排放量不同，人均二氧化碳排放量差异大，且各自承诺的二氧化碳减排目标也各不相同（见表2-1），因此在气候变化谈判中，立场和态度差异较大。当前在应对气候变化问题上，逐渐形成了几个明显的阵营：积极的欧洲国家、消极的伞形国家、谨慎的发展中国家和担忧的岛国。

表2-1　2007年按国家/地区分类$CO_2$排放量及2020年减排目标

| 国家 | $CO_2$当量（世界排名）（百万公吨） | 占全球的比例（%） | 人均$CO_2$当量（世界排名）（公吨） | 450情景①下的减排目标 |
| --- | --- | --- | --- | --- |
| 中国 | 6702.6（1） | 22.70 | 5.1（66） | 2020年二氧化碳排放强度在2005年基础上减少45%；可再生能源和核能占15% |
| 美国 | 5826.7（2） | 19.73 | 19.3（7） | 如果其他国家有类似减排承诺，2020年温室气体排放量在2005年基础上减少17%② |
| 欧盟（27） | 4064.5（3） | 13.76 | 8.2（39） | 如果其他国家有类似减排承诺，2020年温室气体排放量在1990年基础上减少30% |

---

① 450情景是指目前各国政府形成了一个共识，即全球气温增长要限制在2摄氏度，也就是大气层中的温室气体浓度要稳定在450ppm（百万分之一）二氧化碳当量左右。如果各国政府现在开始采取行动，这一目标到2030年将有望实现。

② 专家认为这一目标仅相当于在1990年的水平上减少4%。

续表

| 国家 | $CO_2$当量（世界排名）（百万公吨） | 占全球的比例（%） | 人均$CO_2$当量（世界排名）（公吨） | 450情景下的减排目标 |
|---|---|---|---|---|
| 俄罗斯 | 1626.3（4） | 5.51 | 11.4（18） | 2020年温室气体排放量在1990年基础上减少25% |
| 印度 | 1410.4（5） | 4.78 | 1.3（122） | 2020年二氧化碳排放强度在2005年基础上减少25% |
| 日本 | 1270.1（6） | 4.30 | 9.9（25） | 如果其他国家有类似减排承诺，2020年温室气体排放量在1990年基础上减少25% |
| 德国 | 817.2（7） | 2.77 | 9.9（26） | 2020年温室气体排放量在1990年基础上减少40% |
| 加拿大 | 583.9（8） | 1.98 | 17.7（9） | 2020年温室气体排放量在2006年基础上减少20% |
| 英国 | 530.2（9） | 1.80 | 8.7（34） | 2020年温室气体排放量在1990年基础上减少34%，到2050年减少80% |
| 韩国 | 517.1（10） | 1.75 | 10.7（21） | 2020年温室气体排放量在2005年基础上减少4% |

资料来源：由世界资源研究所（WRI）2011年气候分析指标工具计算得出；减排目标根据新闻网站公开资料整理得来。

以欧盟国家为首的欧洲国家在应对气候变化问题上非常积极。欧盟碳排放量和人均碳排放相比较美国而言是低的，且一直以来欧盟内部都在积极发展低碳经济，开展减排活动。从最初推动《联合国气候变化框架公约》的签署，到国内制定气候变化立法积极开展碳减排相关的活动，再到在联合国气候大会上积极推动有约束力的减排协议，欧盟一直走在前列，站在道义的制高点上，在全球扮演一个值得尊敬的环保主义者的角色。欧盟作为气候变化大会的积极推动者，致力于将碳减排义务法律化，制定全球新的二氧化碳减排规则，以更好地发挥其在低碳技术、法律法规、碳排放交易等方面的优势，为低迷的经济寻找新的发力点。因此，欧盟一方面在欧盟内部积极推动很多应对气候变化的立法，率先承担减排责任；另一方面在气候变化大会上推动减排责任的法律化，致力于达成有约束力的减排协议。

美国、加拿大、日本、澳大利亚等国组成的伞形国家则希望避免过多承担减排义务，并希望发展中国家加入量化减排队伍，他们对气候变化谈判达成约束性文件的积极性不高，主要担心这会影响其国内经济发展。从统计数据也可以看出，美国、加拿大、日本等都属于人均碳排放高的国家，根据《京都议定书》的减排责任，压力都比较大，因此对后京都时代气候变化谈判一直热情不高。日本在2011年底的德班会议期间宣布将在《京都议定书》一期承诺到期之后不再承担减排义务，而加拿大也在德班会议之后宣布退出《京都议定书》，成为继美国之后第二个退出《京都议定书》的发达国家，这都为全球气候变化谈判抹上了阴影。

中国和77国集团等发展中国家，特别是中国、印度、巴西、南非四国，人均碳排放较低，但是作为新兴经济体，经济的快速发展也带来了能源消耗和二氧化碳排放的快速增长，减排压力在不断增加。这些国家对于气候变化谈判持谨慎态度，希望在共同但有区别的责任原则下，在发达国家提供资金和技术支持的情况下承担与自身能力相适应的减排义务。发展中国家更多的是从减缓气候变化的影响，同时维持自身正常发展角度考虑的，在对气候变化问题的谈判是积极参与，谨慎承诺。

此外，还有一类在全球气候变暖情况下面临生存危机的岛国，由于面对气候变暖的影响非常脆弱，对于气候变化问题谈判非常焦虑。一方面，作为发展中国家，自身经济和技术水平相对较低，应对气候变化能力有限，希望发达国家遵守共同但有区别的责任原则；另一方面，也希望全球能达成有法律约束力的减排协议，把温室气体排放控制下来，以便实现关于气候变暖的2摄氏度目标，保证其国家的生存安全。这类国家在气候变化谈判中呼声很高，但是实际影响较小。

几年来，围绕量化减排义务、技术和资金支持等问题各方分歧很大，谈判实质性进展缓慢，前景并不乐观。

2. 低碳经济风起云涌，官方和民间都加大了对低碳经济的关注，低碳立法处于起步阶段

尽管绝大多数国家都不希望被国际义务所约束，但这并不影响各国为实现各自的目标而开展应对气候变化、发展低碳经济的热情。应对气候变化、低碳发展已经成为一种政治理念，但在落实时仍然面临很多困难，争议很大。

欧盟作为低碳经济发展的先锋，不管是在低碳技术还是低碳政策法规方面都有很好的积累和发展，欧盟已将全球应对气候变化作为理由，在全球范围积极推广其模式和做法，以期重获全球竞争力和影响力，实现复兴。早在《联合国气候变化框架公约》签署之前，欧盟就出台了相应的战略。1991年欧盟发布了第一个控制二氧化碳排放和提高能源效率的战略。《京都议定书》签订后，欧盟又出台了具体的政策和措施①，来落实减排目标，发展低碳经济，主要包括2000年欧盟启动的"欧洲气候变化计划"（European Climate Change Programme，ECCP）、2006年欧洲理事会出台一项欧洲能源政策（Energy Policy for Europe，EPE）以及2007年欧盟国家和政府首脑批准的一项完整的气候变化和能源战略，设定了2020年欧盟气候和能源目标（欧盟温室气体排放比1990年至少减少20%，可再生能源在能源消费中的比重达到20%，通过提高能效使基础能源使用与项目水平相比减少20%）。尽管欧盟整体态度积极，但是不同成员国之间及成员国内部也存在意见分歧。如法国将国内碳税政策与欧盟整体碳税政策相联系，在欧盟不达成碳税立法之前法国也不会实施。法国在2009年通过碳税立法后随即被否决，2010年法国又宣布无限期推迟碳税政策，除非欧盟整体都征收碳税。而法国提出的碳关税政策也遭到了德国等欧盟成员国的反对。

---

① 详细内容将在第三章中专门介绍。

低碳经济条件下我国对外经济贸易发展研究——基于国家竞争优势理论

美国在2009年的哥本哈根气候大会上也一改过去不承诺减排的姿态，积极支持二氧化碳减排，在哥本哈根大会之前提出到2020年温室气体排放量在2005年的基础上减少17%，尽管依旧不参加《京都议定书》，但国内已经着力推进低碳相关的工作，并将新能源作为未来出口贸易的重要支柱。此外，美国国内还开展了大量的立法工作。2009年美国众议院以微弱多数通过了《美国清洁能源安全法案》，一度被认为是美国在应对气候变化和低碳发展领域的一项重大立法努力，但是可惜的是该项立法在参议院未能通过，在该法案未能通过的情况下，美国参议院也提出了参议院的气候法案，同样也没有获得通过。从美国官方网站获得的信息看，美国目前就应对气候变化、发展低碳经济的立法仍然存在很大的困难，其中比较重要的原因在于共和党认为这将影响美国的就业和经济发展。

很多发展中国家在共同但有区别的责任原则下也积极开展自主减排。根据"共同但有区别的责任"原则，发达国家应该承诺具体量化的总量减排指标；而发展中国家则应根据本国国情，在发达国家资金和技术转让支持下，开展相对减排，如降低排放强度和人均排放等。印度宣布到2020年二氧化碳排放强度比2005年降低20%~25%，并将在2012年开始的第十二个五年规划中致力于发展低碳经济。巴西制定了减排目标，即到2020年二氧化碳排放量比2005年下降20%。中国也宣布到2020年将温室气体排放强度比2005年下降40%~45%。2011年制定实施的"十二五"规划纲要也明确了今后五年绿色、低碳发展的政策导向，明确了应对气候变化的目标任务，到2015年，单位国内生产总值二氧化碳排放比2010年下降17%，单位国内生产总值能耗比2010年下降16%，非化石能源占一次能源消费比重达到11.4%，新增森林面积1250万公顷，森林覆盖率提高到21.66%，森林蓄积量增加6亿立方米。

此外，民间社会对应对气候变化、发展低碳经济热情高涨，并纷纷将其作为自己业务的亮点加以宣传。很多新能源相关的企业近年来发展迅速，涉及光伏发电、风能发电、生物质能等方面；一些大型零售企业开始关注产品和供应链的碳排放问题，碳标签被应用到产品营销之中，低碳超市的概念在不断推广；越来越多的企业将节能减排作为其社会责任的重要组成部分，在其发布的社会责任报告或可持续发展报告中得以体现，这种信息披露反过来也进一步刺激了企业的低碳发展。大量的民间机构包括非政府组织关注气候变化问题，营造了低碳发展的舆论；鼓励和监督企业开展减排活动，包括碳足迹、碳中和等活动在全球推广；此外，还推出了一些与碳排放核算、碳标签、碳信息披露等相关的标准和认证，这也在很大程度上推动了低碳经济的发展。

## （二）低碳经济发展涉及的主要方面

低碳经济是一个涵盖面非常广的概念，从宏观到微观涉及：低碳理念的推广，低碳战略、政策和制度的制定，低碳法规和标准的出台，低碳产业、低碳消费、低碳技术的开发，低碳产品和服务的创新及企业的低碳发展等。从具体做法上包括：新能源的开发利用、节能减排技术的应用、碳捕捉和碳封存技术的开发等。从工具角度看，又包括碳核算、碳金融、碳排放交易体系、碳标签、低碳认证、碳中和等。本书主要研究低碳经济对贸易的影响，因此将重点关注对一国竞争力和贸易有影响的方面。

### 1. 低碳理念和低碳文化

低碳经济发展首先是低碳理念和低碳文化的推广，没有这两者做支撑，低碳经济不可能快速发展。低碳理念和低碳文化的发展依赖于一个国家或地区的历史和文化传统以及政府、媒体的宣传和引导，需要一个长期的积淀和发展才能显现出效果。例如，联合国气候变化大会的召开，使得全球应对气候变化和低碳发展的理念日益深入人心，从自身做起减少碳排放成为很多环保人士的选择，比如乘坐公共交通工具，减少电、燃气、石油等能源的使用，利用可再生资源，节约资源，实现资源的循环利用等，而这些又构成了低碳生活和低碳社会建设的重要组成部分。低碳社会建设、低碳城市建设、低碳出行等，将低碳概念融入到百姓生活之中，才是低碳经济最重要的根基,也只有这样,低碳理念才可能影响产业和企业的发展。

在低碳理念和低碳文化中,关于节能减排的思想非常重要,节约能源、提高能源的利用效率、减少二氧化碳排放,而这又与一国的环保理念、生活习惯和公众及消费者认知密切相关。而公众和消费者是需要教育才可能提高认知的,比如对于产品和服务的碳排放情况的认知,如何选择低碳产品和服务的认知等,社会公众和消费者的选择将会形成一种低碳的大众理念,并影响产业和企业的发展。

### 2. 低碳政策、法规和标准

关于气候变化和低碳发展最初是从政府层面谈判开始,且自2003年英国官方首次提出低碳经济这一概念以来,低碳经济主要是以政府主导民间参与的方式发展。政府在引导低碳发展的过程中,一般来说会首先从战略层面出发,确定一国的低碳发展战略,根据战略制定相应的政策、法规、标准等,来落实低碳战略的各项目标。很多国家和地区会制定一段时间内的低碳发展战略或者应对气候变化的"一揽子"计划,在计划中明确相应的立法、标准等措施,分阶段、分步骤地执行。在这些政策中,包括针对二氧化碳排放或者能源消费征税,即碳税问题;有涉及能源效率的各类技术法规和标准;有涉及碳排污总量控制和交易的碳排放交易体系;有与低碳有关的激励政策和财政支持;有涉及重点领域技术开发和知识产权保护的;有涉及二氧化碳边境条件的,如碳关税问题等。据德意志银行的一份研究报告显示,自2008年7月到2009年2月,全球共制定了250个与气候变化相关的政策,该研究将这些与气候变化相关的政策分为三种类型:第一类是传统的规章,包括强制标准(Mandatory Standards)和公共教育(Public Education)方面的;第二类是碳价相关的,涉及碳税(Carbon Taxes)或总量控制和排放交易(Cap and Trade);第三类是有关创新的政策,包括知识管理(Knowledge Management)和调整援助(Adjustment Assistance),其中知识管理涉及技术转移(Technology Transfer),公共资助的研究、开发、说明和部署(Publicly Funded Research, Development, Demonstration and Deployment）以及产业研究工会（Industry Research Consortia），调整援助包括直接补贴（Direct Subsidies）、上网电价（Feed-in Tariffs）、税收抵免（Tax Credits）及优惠融资（Concessionary Financing）。其中传统的法规有124项，有关碳价格的有57项，有关创新的有69项。在所有国家中，欧盟是出台应对气候变化法规最多的经济体，共106项，远高于美国（54项）及其他国家，其中传统规章51项，美国是31项；欧盟有关碳价的政策有36项，美国只有2项，与创新相关的政策有19项，而美国有21项，高于欧盟（见表2-2）。

表2-2 2008年7月至2009年2月与气候变化相关的政策制定情况

单位：项

| 政策类型 | 国家或地区 | | | | 合计 |
|---|---|---|---|---|---|
| | 美国 | 欧盟 | 中国 | 其他 | |
| 传统规章 | 31 | 51 | 10 | 32 | 124 |
| 碳价格 | 2 | 36 | 2 | 17 | 57 |
| 创新政策 | 21 | 19 | 12 | 17 | 69 |
| 合计 | 54 | 106 | 24 | 66 | 250 |

资料来源：德意志银行：《全球气候变化政策规章发展情况：2008年7月至2009年2月》，2009年2月，http: //dbadvisors.com/climatechange。

3. 低碳领域的财政支持和投入

低碳经济的快速发展与低碳领域的投入密不可分，这种投资主要是各国政府以各种形式来鼓励低碳领域的创新和低碳产业的发展，并且这项投入随着金融危机之后各国采取经济刺激计划而得到进一步扩展。2008年发生的次贷危机引发了全球的经济危机，各国为了刺激经济，纷纷制定了经济刺激计划，并拿出大量的资金来实现经济复苏，其中环保和低碳领域是很多国家的投资重点。据德意志银行（Deutsche Bank）的《全球气候变化管制政策发展报告》（Global Climate Change Regulation Policy Developments）统计，在金融危机袭击全球经济的2008年7月至2009年2月，包括美国和欧盟在内的世界各国在采取经济刺激政策时，为环境与节能所安排的财政支出高达1906亿美元，为扶持环境与节能所提供的减免税优惠金额为216亿美元，对可再生能源的投入为179亿美元，对节能的投入为537亿美元，对环保汽车的投入为264亿美元，对智能电网的投入为118亿美元。2010年以来，欧盟、美国、日本和中国等经济体继续加大财政支持力度，为低碳发展注入了动力。①

**4. 低碳产业与产业低碳化**

低碳产业往往被认为是那些直接与可再生能源开发利用和二氧化碳减排直接相关的产业，如风能发电、太阳能发电、潮汐发电、生物质能等相关的，再进一步包括光伏发电、风能发电设备、智能电网等。这种产业的分工也是与减缓气候变化的几个维度相关的，全球应对气候变化有两个大的方面：一是减缓，二是适应。而减缓气候变化要从以下维度出发：一是发展可再生能源和清洁能源，减少化石能源的使用；二是节约能源，提高能源的使用效率，减少单位产出的碳排放；三是碳捕获与碳封存。当前在谈到低碳产业时，更多关注的是第一个维度的问题，而事实上第二个维度的问题关乎低碳经济能否融入到经济发展的各个方面，也是非常重要的。从更广泛的意义上说，任何一个产业都可以实现低碳化发展，不管是电力制造、交通运输、制造业等能源消耗较高的行业，还是农业和服务业这些碳排放较低的行业。对于发电、水泥制造、钢铁行业等能源密集性行业来说，本属于高碳产业，但如果能实现技术改造，也可以转变为低碳化产业。因此，本书更多关注低碳化产业的发展，将涉及上述各个方面，所有与应对气候变化相关的都可以包括进来。

**5. 低碳技术、产品和服务**

低碳技术从狭义的角度来说涉及电力、交通、建筑、冶金、化工、石

---

① 蔡林海. 低碳经济 绿色革命与全球创新竞争大格局 [M]. 北京：经济科学出版社，2009：5-7.

化等部门以及在可再生能源及新能源、煤的清洁高效利用、油气资源和煤层气的勘探开发、二氧化碳捕获与埋存等领域开发的有效控制温室气体排放的新技术；从广义的角度来说涉及所有可以实现节约能源，减少碳排放的技术。低碳产品和服务指在产品的生命周期之中碳排放量相对较少的产品和服务。目前有很多国家设定了低碳标准，对产品和服务的碳排放进行评估。一些民间机构和企业也出台低碳倡议，并开展碳足迹核算，加贴碳标签等做法。比如，2008年，英国标准化机构BSI发布了碳足迹标准《商品和服务生命周期温室气体排放评估规范》（PAS2050），用于计算产品和服务在整个生命周期内的（从原材料的获取到生产、分销、使用和废弃后的处理）温室气体排放量。目前已经有很多电子产品开始应用碳标签。2006年3月，国际标准化组织ISO公布了ISO14064系列温室气体核算标准，为企业建立内部核算以及温室气体排放管理系统提供依据。近年来，有很多企业据此公布其碳排放情况来表明其产品和服务的低碳化。

6. 低碳消费

低碳经济的发展，特别是企业低碳化发展，动力来源主要有以下几个方面：一是政府的政策推动；二是消费者的消费选择拉动；三是民间社会的监督促进。这三个方面分别从不同的角度推动低碳经济的发展。消费者的选择对于一国低碳经济的发展至关重要，是低碳经济的必要根基，没有消费者的低碳化选择，低碳经济就缺少一个有力的拉动因素。而一国低碳消费理念的形成，又与一国的消费文化和传统、能源价格、消费者教育等相关。20世纪90年代，英国开始关注"食物里程"这样一个概念，即农产品从产地到餐桌全过程的里程，通过里程来衡量农产品运输途中的碳排放，认为本地的产品才是食物里程最短的产品，才是环境友好的。尽管后来很多研究证明，食物里程远近并不能衡量产品生命周期的碳排放，食物里程远的产品不见得碳排放就多；但这一概念的提出在一定程度上促进了本地生产和本地消费这样一个做法，一些大型超市如乐购等在这一理念的影响下开始本地化采购来表明自己的低碳做法，而消费者也被号召购买本地产品。2007年12月31日，中国发布了《国务院办公厅关于限制生产销售使用塑料购物袋的通知》，俗称"限塑令"，规定从2008年6月1日起，在全国范围内禁止生产、销售、使用厚度小于0.025毫米的塑料购物袋；在所有超市、商场、集贸市场等商品零售场所实行塑料购物袋有偿使用制度，一律不得免费提供塑料购物袋。"限塑令"的发布一方面是为了保护环境，减少白色污染；另一方面也是减少石油的使用，是低碳消费的一种形式。

7. 低碳投资和金融

当前，有很多国际知名的金融机构将投资转向应对气候变化和低碳发展领域，比如投资低碳产业或为其提供资金支持。还有很多跨国公司将投资领域转向低碳产业，在各国政府的鼓励和引导下，加大了对低碳产业和产业低碳化的投资，这反过来也极大地促进了低碳经济的发展。

## （三）当前低碳经济发展中存在的问题

随着低碳经济理念的宣传和低碳经济的发展，低碳经济发展存在的一些问题也日益明显。

1. 低碳经济赖以发展的大环境存在不确定性

如前所述，在《联合国气候变化框架协定》下的气候变化问题国际谈判目前进展不畅，成员国之间就量化减排义务、各国应承担的责任，对发展中国家的资金和技术支持等关键问题很难达成实际可行的协议，而美国、加拿大和日本等重要发达国家退出目前唯一有法律约束力的《京都议定书》无疑给气候变化问题谈判带来了较大的打击。如果联合国框架内无法达成有法律效力的减排协议，则可能极大放松对温室气体减排的控制，在这种情况下，低碳经济的发展主要靠各国政府和民间社会自愿推进，存在很大的不确定性。一些国家为了避免在国际贸易领域处于不利的竞争地位，可能会采取向下看齐的做法，即向减排力度弱的国家看齐，这会削弱全球低碳发展的动力。

2. 低碳发展存在制度上的问题

（1）低碳规则需要协调国际环境公约和多边贸易规则之间的冲突。低碳经济作为新生事物，涉及环保、经济贸易及可持续发展问题，除了低碳技术方面的约束之外，在制定层面也仍然存在一些问题，需要予以综合考虑。

一国政府制定的低碳政策法规，既要遵守关于环境的国际公约——《联合国气候变化框架公约》（UNFCCC）及其附属协议，也要遵守国际贸易规则，特别是WTO规则；但当前国际环境公约与WTO规则之间仍然存在一些不协调或者冲突的方面，给低碳政策的制定带来了挑战。比如，国际环境协定中强调"共同但有区别的原则"，根据《联合国气候变化框架公约》前言、第三条原则和第四条承诺，各国应根据共同但有区别的责任及各自国家或地区的优先顺序、目标和情况等来承担责任。这就意味着不同国家之间责任是不同的，要区别对待。而WTO规则强调"非歧视原则"，包括国民待遇原则和最惠国待遇原则，注重的是一国应给予不同国家相同的待遇，如果一国对不同国家采取不同政策，则违反了非歧视原则，这与"共同但有区别的原则"存在一定的冲突。在低碳经济中，这一冲突将直接影响国际贸易规则的制定和实施，特别是涉及与低碳产品和服务相关的规则制定时。举例来说，我国学术界近年来讨论比较多的碳关税问题就面临与WTO规则和环境规则的协调问题。目前，美国和法国提出的碳关税方案都考虑了产品是否来自承诺减排的国家，提出对没有承担减排义务的国家的产品征收碳关税，这种做法就同时违反了"共同但有区别的原则"给予发展中国家的权利，发展中国家与发达国家应承担不同的减排责任；也违反了WTO的"非歧视原则"，对于同类最终产品采取不同的措施。这一冲突也决定了碳关税在操作上存在很大困难。

又如国际环境公约强调"预防原则"，而WTO强调"科学证明合理"

和"贸易影响最小化"原则,这就意味着一国从预防原则出发采取的应对气候变化的政策和措施如果无法提供科学证据证明这些措施合理,对贸易产生影响,则会违反WTO规则。《联合国气候变化框架公约》第三条原则中指出,"各缔约方应当采取预防措施,预测、防止或尽量减少引起气候变化的原因,并缓解其不利影响。当存在造成严重或不可逆转的损害的威胁时,不应当以科学上没有完全的确定性为理由推迟采取这类措施,同时考虑到应付气候变化的政策和措施应当讲求成本效益,确保以尽可能最低的费用获得全球效益"。而WTO《技术性贸易壁垒协定》中指出,"各成员应保证技术法规的制定、采用或实施在目的或效果上均不对国际贸易造成不必要的障碍。为此目的,技术法规对贸易的限制不得超过为实现合法目标所必需的限度,同时考虑合法目标未能实现可能造成的风险。此类合法目标特别包括:国家安全要求;防止欺诈行为;保护人类健康或安全、保护动物或植物的生命或健康及保护环境。在评估此类风险时,应考虑的相关因素特别包括:可获得的科学和技术信息、有关的加工技术或产品的预期最终用途"。这就意味着一国采取的技术法规、标准要"科学证明合理",否则会对贸易造成不必要的障碍,将违反贸易影响最小化原则。

(2)发展低碳经济的国内支持政策需要协调与WTO竞争规则之间的冲突。当前,很多国家对国内低碳发展,包括低碳技术开发和低碳项目建设予以各种政策或资金支持,如果这些技术和项目的最终结果与国际贸易和投资相关,则会涉及WTO的竞争政策问题,比如补贴与反补贴、反倾销等。2010年6月,日本与加拿大之间就安大略省的新能源支持计划之间的反补贴争端成为首个应对气候变化领域的案例。目前,我国也已面临这样的问题。2010年12月,美国就中国对风能制造商的补贴向WTO提起诉讼,认为中国对风力发电制造业设立的专项基金要求受助者使用中国产的零部件,这种做法违反了世界贸易组织规则,并阻碍了美国产品的对华出口。2011年11月8日,应美国太阳能工业公司的申请,美国商务部对原产于中国的晶体硅光伏电池(无论是否组装入模块)进行反倾销和反补贴立案调查。这些案件都充分说明一国低碳政策与WTO规则的协调一致至关重要。

(3) 低碳发展需协调与消除贫困、水资源保护等其他联合国重要议题之间的冲突。对发展中国家而言，经济和社会发展及消除贫困是首要和压倒一切的优先事项，在应对气候变化的同时，也必须关注发展问题及其他紧迫且影响巨大的问题，例如粮食安全、水资源问题等，需要将宝贵的资金和资源合理分配在这些重要问题上。《联合国气候变化框架公约》提出"以统筹兼顾的方式把应付气候变化的行动与社会和经济发展协调起来，以免后者受到不利影响，同时充分考虑到发展中国家实现持续经济增长和消除贫困的正当的优先需要，发展中国家缔约方能在多大程度上有效履行其在本公约下的承诺，将取决于发达国家缔约方对其在本公约下所承担的有关资金和技术转让的承诺的有效履行，并将充分考虑到经济和社会发展及消除贫困是发展中国家缔约方的首要和压倒一切的优先事项"。联合国经济与社会事务部2009年9月发布的一份名为《2009年世界经济和社会概览》的报告指出，国际社会在应对气候变化的同时必须注重发展问题，特别是要帮助发展中国家走上实现低排放、高增长的发展道路。报告强调，对于发展中国家来说，经济增长仍然是要解决的首要问题，这不仅是为了消除贫困，而且是为了逐步缩小与富有国家之间巨大的收入差异。报告指出，世界在应对气候变化问题的同时，不能"在未来半个世纪或更长时间内延续目前全球的不平等状况"，这样做在经济、政治和道德上都是不可接受的。

此外，全球面临的粮食安全问题、水资源问题都是非常急迫且影响巨大的问题，应该受到高度关注，不能因为应对气候变化、低碳发展而忽视了这些重要的问题，需要在这些重要问题之间进行平衡，并设定优先事项，这是当前亟须关注的问题。就我国而言，当前环境问题非常严重，水资源保护、二氧化硫等污染物依旧是影响我国经济社会可持续发展的重要方面，其危害更甚于二氧化碳，不能因为二氧化碳问题而受到忽视。

### 3. 低碳经济发展存在操作层面的问题，与低碳发展密切联系的碳核算问题仍然有待完善和统一

各国在发展低碳经济时，都非常重视三个层面的问题：一是新能源的开发利用，包括太阳能、风能、生物质能、核能可再生能源；二是提高能源的使用效率，降低单位产出的碳排放；三是固碳，包括农业固碳、森林固碳以及进行碳捕捉和碳封存，但这项技术本身还不成熟，存在很大的环境风险和安全问题。对于新能源之外的产业和企业来说，提高能源效率，降低二氧化碳排放是至关重要的，这里面就涉及碳排放的测量问题。当前对碳排放的测量包括国家层面、企业层面和产品层面的碳排放。国家层面的碳排放主要与国际气候谈判和量化减排有关，在国际经贸领域，更相关的是企业和产品层面的碳排放，其中尤以产品的碳排放影响最大。很多企业自愿或被要求进行碳核算或碳披露，有的企业甚至对其产品加贴碳标签以表明其碳排放；一些大型超市开始对其销售的产品加贴碳标签，很多国家也制定了自己的碳标签、标识。所有这些都需要对二氧化碳排放进行核算。而未来碳税、碳关税等所有形式的碳政策都会需要碳核算的数据来支撑。但当前在操作层面，全球对于碳排放核算方法仍存在争议，如何衡量产品生命周期中的碳排放存在技术上的困难，需要未来进一步开发相关的工具来方便开展碳核算。

## 三、低碳经济对传统国际贸易理论的挑战

低碳经济作为新生事物，涉及面广，且存在很多未知情况和不确定性，但核心要素是温室气体排放问题，特别是二氧化碳排放问题。在低碳经济条件下，碳排放成为经济发展的重要约束因素，在各国达成有约束力的减排协议的情况下，碳排放权将成为稀缺要素，参与资源配置，并影响

均衡产出。这超出了传统国际贸易理论的分析框架,对传统国际贸易理论提出了挑战。

## (一) 低碳经济对比较优势理论和资源禀赋理论等的挑战

低碳经济条件下,碳排放成为影响经济发展的重要影响因素,碳排放权作为全球的公共资源,在各国之间的分配直接决定了各国的碳资源禀赋,并且这一分配还不是天然形成的,而是与各国之间的博弈有关,就目前来看,各国碳排放权这一资源禀赋并不是确定不变的。与劳动力、资本、土地等要素一样,碳排放权也成为稀缺资源,将对经济活动产生重要影响,而与降低碳排放相关的技术也成为影响经济均衡的重要因素。

传统经济学研究的是稀缺资源最优配置的问题,通常这些资源主要是指劳动力和资本,随着经济理论的发展,土地和技术也被加入到经济分析之中,通过生产函数来影响经济的均衡产出。低碳经济的提出,要求在经济发展过程中控制碳排放,并且会规定一些量化的指标,这使得碳排放权成为稀缺资源,而与降低碳排放相关的技术也成为影响经济均衡的重要因素。在这种情况下,根据传统经济理论得出的结论就会有偏差,因为没有考虑碳的因素。如果把一国可有的碳排放作为要素之一,则不同产品的均衡产出将会不同。对于国际经济理论来说,如果将一国可以保有的二氧化碳排放权作为要素之一予以考虑,则不论是依据比较优势理论,还是依据要素禀赋理论,各国之间的贸易模式和贸易结构都可能发生变化,而现有的国际间贸易和投资主要还是遵循了传统的国际经济理论,包括国际贸易理论和国际投资理论。低碳经济条件下,国际贸易和投资格局将发生较大变化。

以比较优势理论为例,A 国生产农产品要素丰裕,具有比较优势,而 B 国矿产资源丰富,生产钢铁具有比较优势,根据传统理论,则 A 国将出口农产品进口钢铁产品。但在低碳经济条件下,A 国和 B 国的碳排放权将受到限制,根据各国碳排放水平和历史累积量,假设 A 国和 B 国碳排放权一样,则碳排放权将成为影响各国生产模式的重要因素。A国由于在农产品方面更具有比较优势,其国内碳排放量相对较小,减排任务也较小;而B国生产钢铁,属于高碳排放行业,对碳排放权需求更大,减排任务会比较重。B国在碳排放权的约束下,为了减少碳排放,在技术水平一定的条件下需要减少钢铁的生产,可能导致钢铁产品价格的上涨,而对于A国来说减排压力相对较小,甚至有可能有碳排放权的盈余,在进口钢铁价格上升的情况下,可能会选择适当增加本国的钢铁的生产量,而减少进口。一种极端的情况可能是B国将出口铁矿石,并将钢铁生产转移到没有碳减排压力或者碳减排压力较小的国家,这将会极大地改变原有的分工模式。在上面的例子中,根据要素禀赋理论,A国的碳排放权这一要素将成为充裕要素,而B国碳排放权这一要素属于稀缺要素,因此,A国可以有条件生产更多需要碳排放权的产品,A国和B国之间的分工格局也会发生变化。

以国际直接投资理论为例,根据小岛清的边际产业扩张理论,一国会依据产业不断升级而将相对落后的技术转移到其他国家,现实世界中的确也存在大量的此类投资;但是在低碳经济条件下,碳排放不再是一个国家的问题,而是全球问题,则高碳排放的技术原则上将在全球淘汰,而不是转移,则依据传统国际投资理论得出的各国都受益的投资将不再是最优,而是应该被禁止的。因为各国都将可能有减排任务,并且全球范围内都在讨论应避免将发展中国家当成污染避难所,否则将起不到全球范围减排的目标,而只是污染在不同地区的转移,在这种情况下,边际产业扩张理论将会受到极大的挑战。

在低碳经济条件下,经济理论的基本思路依旧保持,但是限制条件会发生很大变化,资源禀赋结构也会发生变化,因而结果也将会发生较大变化。如前所述,由于低碳经济发展到现在仍然存在一些问题,比如国际间有约束力的减排协议仍未达成,各国的碳排放权也不确定;而各国对低碳技术研发的投入和对低碳创新的支持使得技术领域的竞争加大,对贸易的影响也会加大。此外,各国出台的关于低碳经济和应对气候变化的政策、法规越来越多地涉及贸易领域的问题，成为影响贸易分工的重要因素；而对于这些问题，传统的贸易理论无法给予全面的考虑，只能给出低碳经济对贸易影响的一个大的趋势方面结论，按照传统的贸易理论来分析低碳经济对贸易的具体影响存在困难，比如低碳经济究竟对贸易有何影响，这种影响通过何种渠道和方式发挥作用等问题。

### (二) 低碳经济对国家竞争优势理论的挑战

由于低碳经济是一个新生事物，且随着低碳领域的创新处于快速的动态变化过程中，对国际贸易的影响具有很多不确定性。而这种不确定性又与碳排放权的分配及为降低碳排放而采取的技术、生产方式、原材料、产品、制度等领域的创新密不可分，并根据国家间的竞争对贸易产生实质的影响。

根据熊彼特的创新理论，创新就是要建立一种新的生产函数，就是要把一种从来没有的关于生产要素和生产条件的新组合引进生产体系中去，以实现对生产要素或生产条件的新组合。在低碳经济条件下，创新就意味着将以前未有过的关于碳排放权这一生产要素及碳排放约束这样的生产条件引入到生产体系，实现新的组合。这一过程是由企业家来完成的，而促使企业家进行创新的动能来源于竞争。熊彼特认为，竞争是一种丰沛的动能，经济竞争的本质不是为了平衡，而是为了无止境的变化。因此改善和创新也绝非一劳永逸的事，而是一个永无止境的过程。

面对低碳经济发展过程中快速变化的条件和环境，对企业和国家而言，任何一个今天的优势可能很快就会被超越或淘汰。如何分析发展变化中的低碳经济对国际贸易的影响，并根据这种影响找到低碳经济条件下提升我国国家竞争力、促进外经贸可持续发展的应对之策，是本研究要解决的问题。从当前主要的国际贸易理论看，波特的国家竞争优势理论最可能对低碳经济条件下国际贸易的发展及影响因素进行解释。

### 1. 波特的国家竞争优势理论及其主要内容①

根据波特的国家竞争优势理论，一个国家的生产要素条件、需求条件、支撑产业与相关产业以及企业战略、结构与竞争状态这四大核心要素构成了国家优势的钻石体系，而机会和政府作为钻石体系之外的两个要素会通过影响上述四个要素来影响国家竞争优势。

（1）生产要素条件。这里所指的生产要素条件不仅仅是指劳动力、土地、天然资源、资本、基础设施等，波特认为最重要的生产要素条件是那些涉及持续与大量投资以及专业化的部分，如熟练劳动力或科技基础等，这部分并非天生的，而是被创造出来的。并且在特定时间内，这部分创造出来的生产要素的使用效率远比该国拥有的生产要素的多寡重要，因为劳动力、天然资源等并不能构建知识密集产业的优势，企业可以通过全球化战略获得基本生产要素，或以技术克服这些因素。

不仅如此，波特甚至认为，有时一国的基本生产要素也可能会妨碍企业创新与升级，因为廉价的资源价格会使企业依赖这样的一种静态优势，而忽视创新；而有时静态的劣势也可以转化为动态竞争中的优势。当然，要把劣势转化为优势需要具备两个条件：第一，要为企业提供适当的环境信息，好让企业能比别国竞争对手抢先一步创新；第二，钻石体系具有其他有利的条件，比如说拥有创新所需的人员和技术、有本国市场需求信息、激烈的国内竞争形成竞争压力等。

（2）需求条件。波特认为，当特定产业部门或国内的市场规模可观时，国内市场需求条件便有助于建立竞争优势。一个国家的市场规模越大，企业的注意力就越高，当市场较小而且较不理想时，企业的兴趣就较低。当市场规模达到一定程度时，会呈现出国内市场的特质，也会为企业提供有关客户需求的更明确的信息，当企业遇到挑剔型客户时，会不得不拼命创新，从而获得比别国竞争对手更大的竞争优势。而这种挑剔型客户

---

① 迈克尔·波特.国家竞争优势［M］.李明轩，邱如美译.北京：华夏出版社，2002.

又与本地的价值观和环境密切相关。一般而言,当一国的价值观念在海外扩散时,企业便可以预期,本国的价值观和品位将成为全球化趋势,这种传播可以通过媒体培训外国人或靠政治影响力及本国企业和公民的海外活动等渠道。

(3) 支撑产业与相关产业。波特认为,支撑产业和相关产业的国际竞争力对于一国国家优势至关重要。具有国际竞争力的本国供应商会以数种方式在下游产业中创造优势,他们以有效、及时、快速,有时甚至特惠的方式提供符合成本效益的原料。一国国内支撑产业与相关产业的密切合作还能产生创新和升级的优势,也就是产业集群所具有的这种创新优势。由于地理位置上的接近,供应商和制造商在沟通距离、速度、信息流通及持续交换想法和创新上非常便利,需求可以更快地传递到产业内相关企业之中,特别是供应商之中,引导其技术创新,而这种创新的成果也可以快速通过测试,形成创新的良性互动机制。特别值得一提的是相关产业的发展可以增加企业获得新技术的可能性,同时也提供了新厂商进入该产业领域的管道,而导致新的竞争方式。

(4) 企业战略、结构与竞争状态。钻石体系的第四个关键要素是企业,包括如何创立、组织和管理公司以及竞争对手的条件等。波特认为,企业的目标、战略和组织结构往往随产业和国情的差异而不同,经常体现民族文化的特色,没有绝对的好坏,国家竞争优势是各种差异条件的最佳组合;本国的竞争状态,在企业创新过程和国际竞争优势上扮演更重要的角色。

波特认为,一国国内市场竞争之所以重要,是因为它提供了企业改进和创新的原动力。企业在国内市场成群厮杀为该国所带来的好处,远超过它与外国企业的对抗。国内竞争者会创造企业进步和创新的压力,这种竞争更会使企业彼此竞相降低成本,提高质量和服务,研发新产品和新流程。企业没有永久的优势,但是竞争者的压力会使其时时有落后的忧患意识及超前的欲望。当然,国内市场的竞争也常常超出经济利益本身,演变为情绪或面子之争。波特认为,"企业无时无刻不在较劲,自然把这个产业引领到国际上的成功"。此外,国内市场的激烈竞争也会促使政府建立更公平和超然的立场,因为政府订单不再是市场的保证。企业的国际竞争战略也会反对政府的保护政策,政府若能致力于打开国际市场,投资补强本国条件,形成有竞争力的网络,对产业的影响会较为有益。

值得注意的是,竞争者之间必须能以确切的模式进行合作,才能减少重复,或者避免为了规模经济而厮杀,不然就会妨碍到国家竞争优势的发挥。因为合作会阻碍企业朝多元化方向发展,压抑创新诱因,并会减缓产业革新的速度。可以看出,波特特别强调国内竞争的作用,甚至认为除非企业间合作可以减少重复或避免为了规模经济而厮杀,否则就不应该进行合作,以免影响竞争对创新的促进作用。

(5)机会。波特认为,当国家竞争优势的各种关键要素改变时,产业的竞争环境也会发生变化。作为竞争条件之一的机会,一般与产业所处的国际环境无关,也并非企业内部的能力,甚至不是政府所能影响的。可能形成机会、影响产业竞争的情况大致有以下几类:基础科技的发明创新;传统技术出现断层(例如生物科技、微电子科技);生产成本突然提高(例如能源危机);全球金融市场或汇率的重大变化;全球或区域市场需求剧增;外国政府的重大决策;战争。

这些情况的发生可能会使得原来的竞争者优势顿失,创造出新的竞争环境,而能适应这种新的竞争环境、满足新的需求的企业就可能在竞争中获得优势。这些引发机会的事件也会影响到钻石体系内各个关键要素的变化。波特认为,如果一国的钻石体系健全,往往能化危机为转机,原因是环境本身具有寻找资源、产生新优势的能力。压力也会促使厂商更努力去争取新的资源。

(6)政府。波特认为,政府会影响钻石体系的其他关键要素,比如,政府的补贴、教育和资金市场等政策会影响到生产要素;政府制定的产品标准、自身的采购行为等也会影响国内市场的需求;政府的一些监管规范活动和政策工具会影响上游和相关产业的环境;政府的金融市场规范、税制和反托拉斯法等政策法规又会影响企业的结构、战略和竞争者的形态。

同时，政府的政策也会受到环境中其他关键要素的影响，如国内市场的需求情况会影响政府的法规和标准的制定。波特认为，政府的角色对于国家竞争优势的影响是正是负，要看它对钻石体系的影响。政府政策需要配合其他关键要素，才能强化、加速产业的优势，并提升厂商的信心，但政府本身并不能帮助企业创造竞争优势。

2. 对波特国家竞争优势理论的评价

波特的国家竞争优势理论为分析低碳经济发展对贸易的影响提供了理论框架基础。国家竞争优势理论中所讨论的生产要素条件、需求条件、支撑产业与相关产业以及企业战略、结构与竞争状态可以在很大程度上用来解释企业和产业的竞争优势的形成，并最终解释各国贸易竞争优势的形成。在波特的理论中，机会和政府并非是构成国家竞争优势的最重要力量，而是会促成国家竞争优势改变（变好或变坏）的推动力量。在低碳经济条件下，各国低碳发展对国际贸易的竞争优势将产生何种影响，波特在其著作中并未提及，但是波特给出的分析框架却对我们分析低碳经济对国际贸易的影响非常有帮助。

尽管如此，国家竞争优势理论在低碳经济条件下仍然存在一定的问题，还有国家竞争优势理论不能解决或没有涉及的问题，比如国际贸易规则的问题、贸易壁垒的问题，而这对贸易的影响也非常大。

国家竞争优势理论强调竞争的作用，而对政府的作用重视不够。从某种意义上说，国家竞争优势理论更多的是企业累计起来的国家的竞争优势，虽然也考虑了政府的因素，但政府的作用并未得到充分的重视。从2003年英国官方首次提出低碳经济的概念以来，世界主要国家低碳发展主要还是在国家的推动下展开的，不管是各类政策、法规、标准、项目等，还是发展低碳经济的资金来源，都与政府密切相关。可以说，在低碳经济条件下，政府发挥的作用要超出波特在国家竞争优势理论中所提及的。

国家竞争优势理论总结了中长期企业和国家竞争优势的形成，忽视短期内企业和国家的竞争优势。波特的国家竞争优势理论认为，政府如果保护本国企业短期的竞争力会影响其长期竞争优势的形成，只有让企业在充满压力的环境下才能形成更强的竞争优势。在波特看来，中长期的竞争优势相比较于短期竞争优势更重要。但在当前国际经济发展过程中，有时短期竞争优势的丧失产生的结果是长期也无法获得足够的竞争优势，甚至是无法在市场立足生存。并且在很多时候，多个短期内的竞争优势的积累也可以构成中长期的竞争优势，其也取决于钻石体系内各个要素之间的相互作用。李斯特的幼稚产业保护理论和战略性贸易理论充分说明了政府保护企业短期内的竞争优势的必要作用。

国家竞争优势理论忽略了国际规则在当前国际贸易中的重要作用。低碳经济的发展所带动的国际规则的变化也将在很大程度上影响国际贸易，而波特的国家竞争优势理论并未涉及这方面的内容。国家竞争优势理论高度肯定竞争的作用，反对政府采取保护的做法（比如在贸易壁垒或定价等方面采取措施），虽然在理论上具有道理，但与实际的贸易做法并不相符，并且不能完全解释现有的各国做法和取得的成就。国家竞争优势理论所关注的这种竞争优势的获得取决于市场中各个要素相互作用的可能结果，其主体是企业，而企业一般来说直接面对的是本国政府的规则和外国政府的规则，较少关注国际规则层面的问题。但是，如果谈一国的贸易问题，就不能不提到国际规则的问题。事实上，国际规则是影响国际贸易的重要因素，并且一国的国家竞争优势也越来越依赖国际规则的制定来获得。国际规则为国家竞争优势体系中各个关键要素发挥作用创造了大的环境，离开了国际规则的支持，一国的国内政策发挥作用的程度将会受到很大的限制，这也是为什么很多国家都在通过国际谈判等一些方式来主导或参与国际规则制定的原因。在当前用规则统治世界的时代，国际规则对一国竞争力和国家利益的影响非常大，而这些在国家竞争优势理论中并未涉及。

本研究将在波特的国家竞争优势理论的基础上，结合低碳经济发展的特点，增加国际规则这一要素，来进一步构建低碳经济对贸易影响的理论分析框架。

## 四、国家竞争优势理论的修正——低碳经济对贸易影响的理论分析框架

低碳经济涉及面广,与应对气候变化密切相关,任何一个企业和产业都与低碳发展密不可分。低碳经济涉及的主要问题,如碳排放问题与钻石体系的各个关键要素都直接相关,而低碳经济通过钻石体系的四个关键要素,也影响着一国的竞争力,当然这种影响也与机会、政府和国际规则密切相关。反过来,钻石体系中各个要素也会影响低碳经济的发展,并通过影响一国和国际规则的制定来发挥作用。

### (一)低碳经济对贸易影响的理论框架

在低碳经济条件下,一个国家的生产要素条件、需求条件、支撑产业与相关产业以及企业战略、结构与竞争状态这四大核心要素依然是钻石体系的基本构成,而机会、政府和国际规则是钻石体系之外影响国家竞争优势的重要因素。与以往经济模式相比,低碳经济发展模式更加关注生产和消费中的碳排放问题,因此在生产要素条件、需求条件、支撑产业与相关产业及企业竞争状态等方面都会受到低碳因素的影响,而这些低碳因素也会通过钻石体系的作用影响到一国的竞争优势。在低碳经济发展过程中,应对气候变化和低碳发展的技术开发活动密集,如果技术研发获得重大突破,则会构成一个机会事件,而其他国家针对低碳发展采取的措施也可能影响一国的贸易,也构成机会事件。本国政府为促进低碳发展制定的政策、法规、标准等,会对本国国家竞争优势产生影响。此外,国际间关于应对气候变化的谈判及国际贸易规则的谈判,也会极大地影响钻石体系的各个要素,对各国国家竞争优势产生影响。本研究在波特钻石体系的基础

上增加了国际规则这一外在的影响因素,并将碳排放等低碳因素纳入到钻石体系之中,研究低碳经济对国际贸易的影响(见图2-1)。

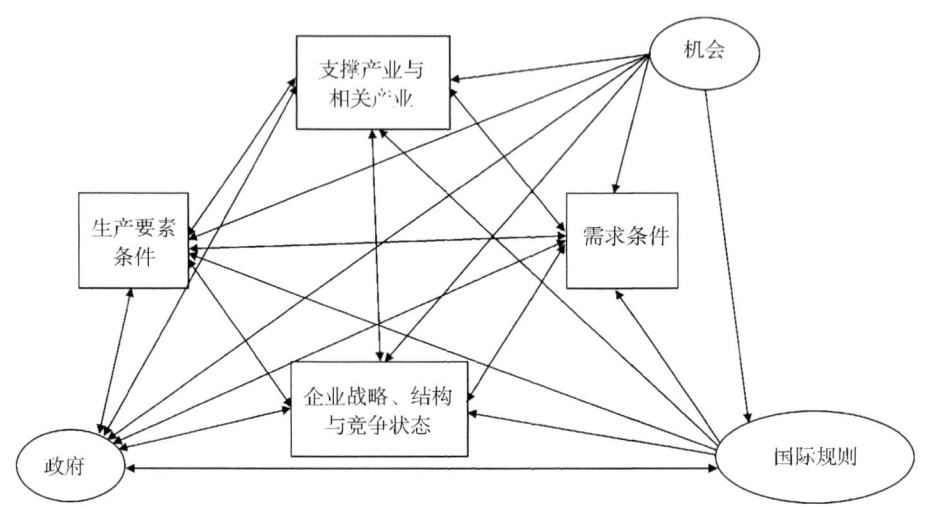

图2-1　加入国际规则的新的钻石体系

### 1. 生产要素条件——碳排放权成为低碳竞争优势中新增的重要生产要素

低碳经济条件下,生产要素除了包括劳动力、土地、天然资源、资本、基础设施等基本生产要素和人力资本、知识资本、技术资本等需要持续和大量投资所创造出来的专业化的生产要素外,碳排放权也成为生产要素之一,影响企业的生产经营活动。而碳排放权既不是天生的,也不是简单依靠持续投资就能获得,而与一国在国际气候变化谈判中所获得的排放指标或者减排量有关,也与一国内部碳排放权在不同地区和部门之间的分配有关,这些是企业难以控制的;但是企业可以通过碳排放市场来获得碳排放权,或者通过技术改进和创新等方式来减少对碳排放权的依赖。

低碳经济条件下,天然资源的储备情况也会影响一国的低碳竞争力,比如能源资源的类型。如果一国二氧化碳排放量较高的能源比较丰富,如煤炭，可能面临的减排压力就会比较大，企业需付出的成本就会比较高；相反，如果碳排放相对较少的天然气资源比较丰富，则碳减排压力会相对较小，而如果一国主要以核能、水电或其他可再生能源为主，则在碳排放权上将会比较有优势。基础设施也会影响低碳竞争力。低碳经济发展过程中面临的一个比较大的问题是锁定效应，即很多基础设施和技术一旦投入，碳排放情况短期内将很难会有实质性改变，比如一些电力基础设施、运输系统以及房屋供给等，往往具有历史性和延续性，其能耗情况往往一旦投入就较难改变，或者改变需要大量投入。

发展低碳经济所需的人力资源和知识资源是影响低碳竞争力的最重要因素，包括低碳领域的高端人才的储备情况和发展情况，大学、科研机构等对低碳经济和低碳技术的研发情况等，都对一国低碳竞争力至关重要。

2. 需求条件——市场对低碳产品、技术和服务的需求是落实低碳竞争力的必要条件

低碳经济条件下，需求条件除了包括市场上正常的需求之外，还需要满足低碳化这一条件。一国国内客户对低碳产品、技术和服务的需求，会直接影响国内的企业的创新，比如国内客户属于挑剔型客户，或者对低碳的要求较高，则企业为了满足客户需求将不断进行相关的创新，从而构建低碳竞争力；国内低碳市场的大小和成长速度方面的信息，也会影响企业对低碳产品、技术和服务的兴趣，市场规模越大，成长越快，企业就会越愿意加大在低碳领域的投入和创新，从而构建低碳竞争力。此外，一国对低碳产品、技术和服务的需求能否转化为国际市场的需求也成为影响竞争力的重要方面。如果一国国内对低碳产品、技术和服务的需求随着全球应对气候变化和低碳发展而扩展到国际市场，或者随着本国价值观和做法在全球的推广而影响到其他国家，并成为国际通行做法，则无疑该国将会处于领先地位。这种扩散和传播主要通过三个途径：一是将国内做法变成国际规则，如达成国际协议、制定国际标准，纳入国际组织规范等；二是通过双边谈判或双边协议来进行传播和扩散；三是通过微观层面，比如通过

媒体、培训外国人或靠政治影响力及本国企业和公民的海外活动等渠道来宣传低碳理念和做法。

在低碳需求方面，非常典型的一个例子是碳标签问题。社会对低碳产品的需求促使碳标签的出台，而国内市场对加贴碳标签的低碳产品的需求会鼓励企业在低碳产品领域的创新，这种需求的大小也会决定是否有更多企业加入到碳标签的队伍中来，从而形成竞争态势并引发该领域的竞争。

通常来说，这种对低碳产品、技术和服务的需求，与一国的文化、传统及国内的低碳理念的推广密切相关。环保意识较高的国家可能低碳意识也会比较高，一国对低碳概念的宣传较多，则国内对低碳产品的需求也会比较高。

### 3. 支撑产业与相关产业——清洁能源产业是重要的支撑产业之一

支撑产业和相关产业的发展在低碳经济条件下显得尤为重要。低碳经济条件下，支撑产业不仅仅指零部件供应商，还涉及能源的供应商。当考虑最终产品的碳排放量时，不仅要考虑产品制造过程中的碳排放量，还要考虑整个生命周期内的碳排放量，这就包括从电力或石油等能源到零部件生产过程，再到产品生产过程、销售过程及最终消费和废弃全过程的碳排放。对于企业来说，其低碳产品的竞争力也会在很大程度上受到一国能源和电力行业、零部件等支撑产业的影响，同时，也会受到相关产业低碳技术革新或发展的影响。如果一国具有清洁能源和高效低碳的供应商，则会为企业利用低碳的原材料生产低碳的产品创造优势，而支撑产业和相关产业间围绕低碳技术、产品和服务进行的沟通和交流也会为创新营造良好的环境和氛围，从而创造出新的竞争优势。

### 4. 企业战略、结构与竞争状态——企业低碳战略和低碳竞争具有重要作用

低碳经济条件下，企业管理者对待低碳经济的态度、有无低碳发展战

略都会直接影响企业在低碳领域的作为和竞争力，而企业的态度又会受到国内低碳理念的推广、消费者的需求、政府的监管、上下游企业的需求和影响以及企业管理者的对低碳发展的认知程度等多个方面的影响。具有明确低碳发展战略的企业和行业更有可能形成低碳领域的良性竞争，并促进低碳领域的创新和升级，从而提升竞争优势。

但是，低碳经济与以往经济发展模式不同之处在于，整个国家必须考虑整体的碳排放情况及单个企业的碳排放情况。尽管波特的国家竞争优势理论强调竞争的作用，认为企业间的合作会阻碍企业朝多元化方向发展，压抑创新诱因，并会减缓产业革新的速度；但是也认识到竞争者之间进行某种形式的合作，能够减少重复，或避免为了规模经济而厮杀，带来更大的资源浪费。低碳经济发展需要大量的资源投入，而资源又是有限的，因此，本研究认为，在低碳经济条件下，应充分认识到合作对于一国国家竞争优势的重要作用。在经济全球化的条件下，企业面临的竞争不仅仅来自国内企业，还来自国外的企业，因此，适当的国内合作将有助于企业在参与全球竞争中获得竞争优势。

5. 机会——将从根本上影响一国的低碳竞争优势

由于低碳经济是新生事物，未来发展存在很多不确定性，低碳技术能否有重大突破、是否发生能源危机或者能源价格是否会大幅提高、气候变化谈判能否达成有约束力的协议、全球气候变化是否会发生逆转、全球能否达成统一的低碳标准、全球碳排放交易市场的重大变化、是否有战争等更重要的事件发生、外国政府采取的低碳技术法规等都会影响低碳经济发展的各个因素，也会影响钻石体系中的四个关键要素，还会影响政府决策和国际规则的制定。此外，外国政府的重大决策和做法也会影响企业的竞争优势。

比如，如果全球气候变化发生逆转，则二氧化碳排放将不再是问题，可能会从根本上改变低碳经济发展的侧重点；或者如果全球达不成有约束力的减排协议，则二氧化碳排放约束将失去效力，其对钻石体系各个要素的影响也会减弱。相反的情况是，如果全球达成有约束力的减排协议，或者发生重大的能源危机，则对能源的依赖不得不减少，而那些节能的产品和技术将有机会获得竞争优势，而企业为了应对能源危机，实现节能减排而被迫开展的技术研发和创新活动也可能使得企业变危机为机会，创造出新的竞争优势。而全球低碳标准、碳排放交易体系的重大变化，也将对竞争力产生重大影响，那些主导这种变化的企业将获得更多的竞争优势。而外国政府的重大决策，比如关于减排的有法律约束力的承诺、低碳法规的颁布等，可能会迫使企业不得不改进工艺流程或者采取其他创新的做法，达到相关法规的要求，也会导致竞争优势的变化。

6. 政府——引导低碳竞争力形成的最关键要素之一

低碳经济条件下，政府发挥的作用远大于传统市场经济条件下的作用。低碳经济的发展从21世纪初开始到现在，一直都是在政府的主导之下，这也与低碳经济的先锋——欧盟的做法不无关系。政府对待低碳经济的态度、对待气候变化的态度、促进低碳经济发展的任何政策和做法都会极大地影响钻石体系的其他关键要素，并通过其他关键要素的相互作用最终影响一国的国家竞争优势。

比如政府通过教育培训、媒体宣传等方式来推广低碳理念，对于生产要素条件、需求条件、支撑产业和相关产业的发展以及企业的战略和竞争状态都会产生很大的影响。政府对低碳领域的补贴、教育和资金支持会直接影响生产要素；而政府制定的低碳法规和标准及政府自身的低碳采购行为，会直接影响国内市场需求；政府对温室气体排放的监管和控制、对碳排放交易体系的规范和发展会影响上下游产业的发展环境、企业的战略和竞争环境。而这些因素的相互作用可以反映出来政府对于国家竞争优势的影响。

7. 国际规则——构成低碳经济影响国际贸易的宏观大环境

在低碳经济的发展过程中，气候变化问题的谈判和WTO多哈回合贸

第二章 低碳经济条件下国际贸易理论和分析框架

易谈判一直都在紧张地进行,虽然两项国际谈判至今未达成令人满意的成果,但是已经与应对气候变化和发展低碳经济密切结合起来。在全球气候变化问题谈判中,各国围绕着自身低碳经济发展的现状和优劣势以及自身在气候问题中的利益,开展了艰苦的谈判。在 WTO 多哈回合环境议题谈判中,低碳产品、技术和服务的问题不断被提出,甚至有成员方希望将低碳产品和服务单独拿出来成立单独的协议,以有效应对气候变化,促进低碳发展。而还有一些国家在区域性贸易协定中提出低碳产品和服务的贸易自由化问题,努力将低碳纳入新的贸易规则之中。此外,国际组织和民间社会也加入到规则制定的行列,形成国际和民间的指导和监督体系,试图影响产业和企业的发展模式。上述这些因素都会影响一国的国家竞争优势,从而影响国际贸易。本研究将重点关注有政府参与的政府间国际规则,在这类国际规则的制定中,政府可以发挥作用影响规则的内容,且这些规则具有法律约束力,对参与贸易的企业和国家来说,都是必须执行的。民间社会的规则更多的是通过钻石体系的几个核心要素才能对贸易产生影响,这部分的影响会体现在钻石体系内部。

## (二) 低碳经济对贸易影响的作用机理、影响路径和影响方式

正如国家竞争优势理论中所描述的,低碳经济对国际贸易的影响通过低碳经济的各个方面作用于钻石体系模式,并对企业的竞争优势产生影响,从而影响一国的国家竞争优势,而竞争优势问题就决定了一国的国际贸易和国际投资的方向和格局。

1. 低碳经济对贸易影响的作用机理

低碳经济的发展为国际贸易的开展营造了一个不一样的大环境,在这个环境中,二氧化碳排放问题成为一个重要的问题,围绕二氧化碳减排问题,各国政府、行业协会、企业和民间社会采取了各种措施和做法,这些

做法本身及这些做法所营造的低碳环境分别从宏观和微观角度对低碳经济中的企业的竞争力产生影响,从而影响一国在贸易中的竞争优势。

具体来说,宏观层面包括国际规则和国内规则的变化。低碳经济发展首先带来的是国内规则的变化,综观当前主要国家低碳经济发展模式,特别是在低碳经济发展较好的欧盟国家,不论是欧盟官方还是欧盟成员国官方都制定了大量的政策、法规、标准等规则来促进低碳经济的发展。如前文介绍的各国低碳经济发展现状中所述,欧盟、美国、日本、中国、印度等都制定了或者正在制定与减少碳排放相关的低碳战略、政策、法规和标准,这些做法都已经并将继续带来国内规则的变化。比如产业政策和产业指导目录在低碳经济条件下更多关注低碳产业、清洁能源等低碳相关的产业;对低碳产业的财政补贴和税收优惠将鼓励对这些产业的投资和发展;有关温室气体减排责任的分解指标落实到各地方会影响地方的政策选择;政府制定的与温室气体减排相关的技术法规和标准等技术性措施会直接影响企业的日常运营。综观 WTO 关于技术性贸易壁垒(Technical Barriers to Trade,TBT)的通报情况,无论是发达国家还是发展中国家都有一些关于产品能耗标准等方面的通报,还有一些国家有应对气候变化相关的技术法规、标准和合格评定程序的通报。

这些国内规则的变化将直接影响企业在国内的竞争环境,国内规则的变化也会进一步影响国际规则的变化,从而影响企业在国际间竞争的环境。一国国内关于温室气体的减排活动进展情况将影响其在气候变化谈判中的立场、态度和做法,会对联合国气候变化框架协议内的规则产生影响,而这一国际规则的变化反过来也会影响国内规则。同时,在低碳背景下 WTO 等国际组织制定的与低碳经济相关的规则,会直接影响国际贸易。一般来说,一国如果在低碳经济发展方面取得优势和成就,往往会促使该国政府将其做法推广到全球,以获得在全球的竞争优势,而这可能会进一步促使 WTO 内贸易和投资规则的变化,以及国家之间或区域内的贸易和投资规则的变化。这些规则的变化直接影响国际贸易,为参与国际贸易的企业创造新的竞争环境和规则。

微观层面，低碳经济发展使得产品和服务的生产和消费过程中的碳排放受到更多关注，这种关注就带来了生产要素条件的变化，带来了需求条件的变化，还带来了企业战略、组织和竞争状态的变化。这种变化还通过价值链和供应链传递到支撑产业，带动整个竞争环境的变化。在这种低碳经济环境下，各项关键要素相互作用，将形成新的有低碳特色的竞争优势，谁获得了这种竞争优势，谁就能在国际贸易中获得竞争力，从而实现贸易利益。

当碳排放成为企业运营所必须考虑的问题之一，碳排放权就成为稀缺要素，参与构成一国及国内企业的生产要素条件。一方面，在碳排放权多的国家可能企业的生存环境会更好些；另一方面，可能会缺乏低碳领域创新的动力，不容易形成低碳领域的竞争优势，并在未来国际贸易中失利；而对于碳排放权相对较少的国家和企业来说，压力可能促使该国企业加大创新，找到其他解决问题的办法，比如开发低碳技术、改进管理方式、采用碳中和方法等，从而创造出新的竞争优势，这种竞争优势将进一步形成国际贸易的新格局。但由于低碳技术的开发利用需要一定的时间周期，短期内碳排放权还是会对企业的生存和发展产生影响，如果没有足够的碳排放权，企业可能会在竞争中丧失优势；而那些拥有充足碳排放权或者有其他解决办法的企业则会在竞争中处于有利的地位。这种竞争的结果当然还是要看与其他关键要素的相互作用。

低碳经济发展使得低碳生活为越来越多的公众和消费者所认知和认同。对低碳产品和服务的需求也使得客户和消费者在选择产品和服务时，还会关注产品和服务的碳排放情况，包括产品和服务生命周期内的碳排放，即从原材料生产、加工、销售、消费及最终处置全过程。而企业也会为了满足这些客户和消费者而有动力和压力去实现创新，从而实现竞争优势。可以说，客户和消费者的需求是企业实现低碳竞争优势的重要条件，其和政府的法律法规要求一起构成了企业的革新动力。

在低碳经济的大背景下，很多企业制定了低碳发展战略，并通过改变组织结构或管理制度来减少碳排放，低碳竞争已经成为大企业之间竞争的又一个有力的抓手,这种竞争也促使企业不断创新,逐步减少碳排放,甚至实现零碳排放,最终形成自身的竞争优势。能充分利用低碳经济发展契机,及早制定战略并进行改进和创新,满足新形势下客户需求的企业有可能在未来获得竞争优势,而起步慢的企业则可能在未来丧失优势。

一个企业或产业实现低碳发展,需要支撑产业和相关产业的发展,比如需要源头清洁能源的发展,需要原材料零部件的低碳生产,需要自身的低碳生产,还需要产品的低碳设计,实现产品的低碳消费。低碳经济的大背景会促使碳排放问题成为各个行业都考虑的问题,并通过供应链和价值链在全产业链中推广,这种推广反过来又会促使企业在这一趋势中发挥自身的优势。支撑产业和相关产业的低碳化发展将有力地促进该产业及企业获得国际竞争优势;相反,如果某一产业的支撑产业和相关产业发展滞后,则仅凭单一产业的发展,恐难以形成长效的竞争优势。

综上所述,低碳经济通过为企业创造一个低碳发展的大背景和竞争环境,进而影响钻石体系的四个核心要素,在微观层面对企业在一个国家的竞争优势产生影响,其通过让企业考虑低碳因素,特别是碳排放问题,从而促使企业进行低碳创新,提升低碳竞争力,进而影响国际贸易。一旦企业竞争力提升,则在国际贸易中的竞争力就可能提升。

### 2. 低碳经济对国际贸易的影响路径和影响方式

低碳经济对国际贸易的影响路径说到底是影响企业的竞争力。企业作为国际贸易的主体,其竞争力就决定了一国贸易的竞争力,从而决定贸易的格局。低碳经济对国际贸易的影响路径包括很多条,属于多个层面共同作用的结果,可以概括为三个层面:一是从机会事件出发的影响路径;二是从国际规则出发的影响路径;三是从政府出发的影响路径。

(1)从机会事件出发的影响路径1:机会—政府政策—钻石体系核心要素—企业竞争力和国家竞争优势—国际贸易。

这条影响路径指从机会事件的发生传递给一国政府政策等方面,再传递到钻石体系的四个核心要素,影响企业竞争力和国家竞争优势,从而影响国际贸易（见图 2-2）。低碳经济发展过程中出现的任何机会事件都会影响一国国内低碳经济的发展，比如一国清洁能源技术的重大突破，会促使政府制定政策、法规和标准来促进该清洁能源的使用，引发能源、基础设施等生产要素条件的重大变化，也会影响上下游产业及支撑和相关产业的发展，影响企业的经营模式和竞争环境，各个因素相互作用，将影响一国的国家竞争优势。又如全球气候变化的重大变化（变暖加剧或者全球变暖发生逆转）也会影响一国的低碳政策，而这又会导致一国国内经济发展环境的重大变化，这种变化传递给钻石体系的四个关键要素，这些要素相互作用又会对企业的竞争优势产生影响。

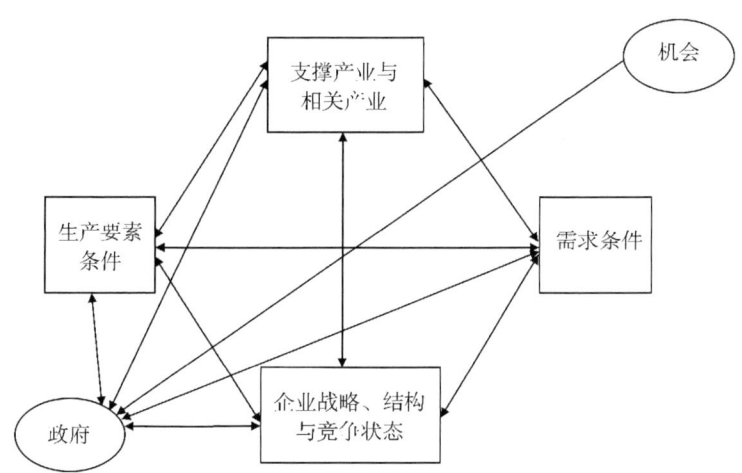

**图 2-2　从机会事件出发的低碳经济对贸易的影响路径 1**

（2）从机会事件出发的影响路径 2：机会—国际规则—政府政策—钻石体系核心要素—企业竞争力和国家竞争优势—国际贸易。

从机会事件的发生开始的影响传递也可能是先传递到国际规则的变化，再传递到一国国内政策，进而影响钻石体系的核心要素并影响国家竞争优势（见图 2-3）。比如气候变化谈判达成的约束性减排协议构成国际规则，该国际规则所规定的各国减排额度会影响各成员方政府的决策，一国承担的减排责任会通过国内政策或立法来加以落实，比如对能源使用情况作出新的规定会影响生产要素条件、支撑产业和相关产业，也会影响企业的战略和竞争状态，这些相互作用又都会影响竞争优势。

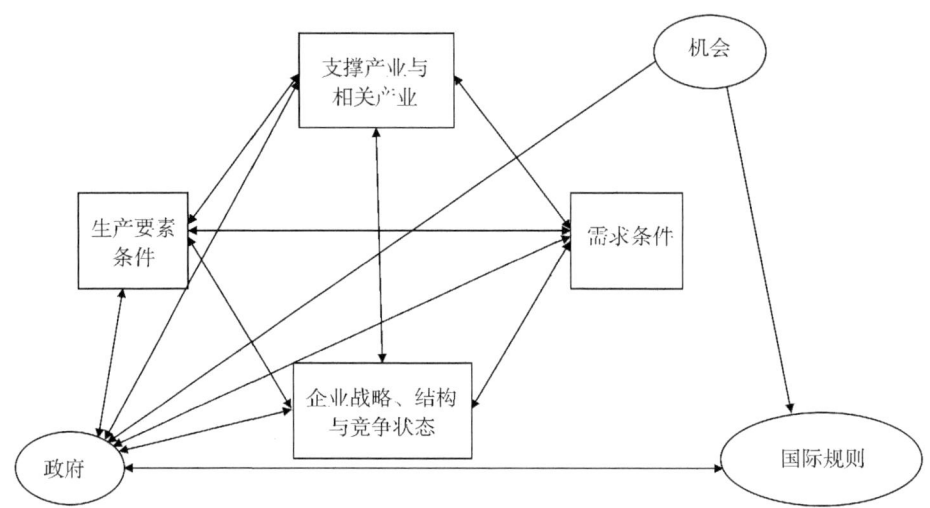

图 2-3　从机会事件出发的低碳经济对贸易的影响路径 2

（3）从机会事件出发的影响路径 3：机会—钻石体系核心要素—企业竞争力和国家竞争优势—国际贸易。

机会事件出发的影响路径还有一条，就是机会事件本身直接作用于钻石体系的四个核心要素（见图 2-4）。比如，关于低碳领域的重大技术突破、能源危机或者新的低碳高效能源的发现，都可能会影响钻石体系的生产要素条件、支撑产业和相关产业及竞争状态等要素，从而影响一国的竞争优势。

（4）从国际规则出发的影响路径 1：国际规则—政府—钻石体系核心要素—企业竞争力和国家竞争优势—国际贸易。

通常情况下国际规则的签署者是政府，一国会将其签署的国际规则转化为国内规则来执行，并对企业和贸易发展产生影响（见图 2-5）。例如，UNFCCC 和《京都议定书》对发达国家提出了量化减排要求，这一要求

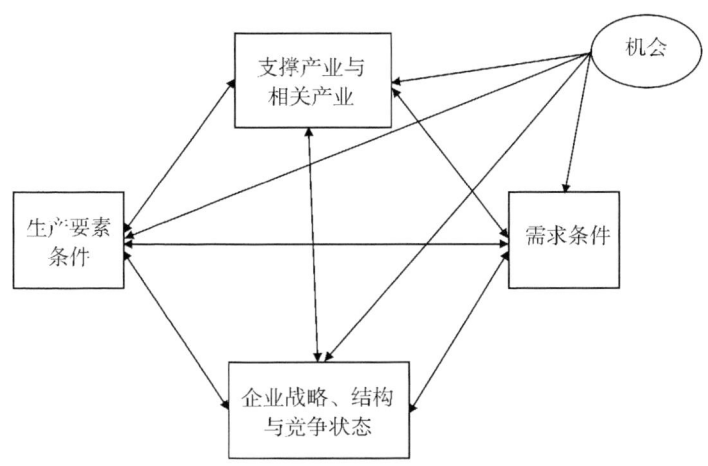

图 2-4　从机会事件出发的低碳经济对贸易的影响路径 3

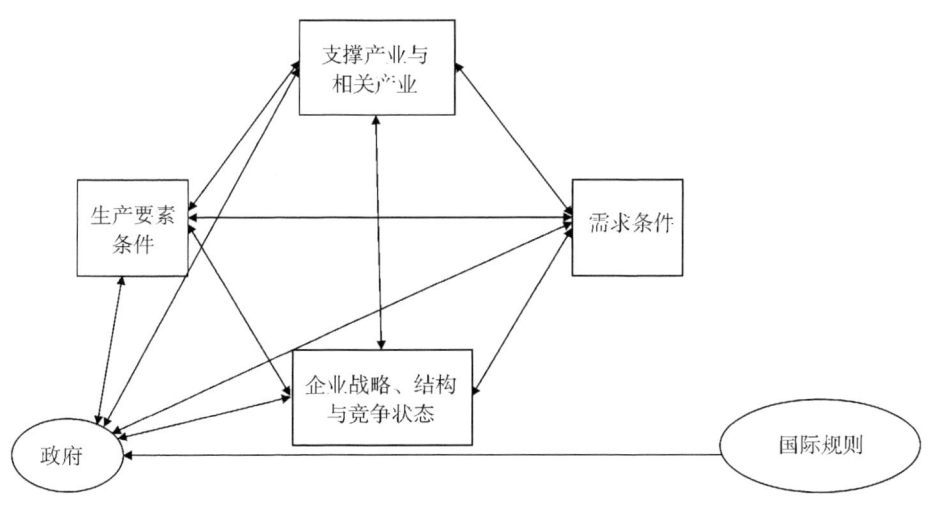

图 2-5　从国际规则出发的低碳经济对贸易的影响路径 1

被少数国家和区域组织转化为国内或区域内的应对气候变化立法，并对其钻石体系产生影响。目前正在谈判的关于后京都议定书时代的减排协议，如果能达成，也将成为新的国际规则，影响钻石体系从而影响贸易。而在 WTO 层面，很多发达国家提出在 WTO 多哈回合谈判中将应对气候变化问题纳入进来,并提出将相关的环境产品和服务拿出来单独达成协议。尽管这种直接影响贸易的规则在当前还没有达成,但这是低碳经济通过国际规则来影响贸易的一个路径。

(5)从国际规则出发的影响路径2:国际规则—钻石体系核心要素—企业竞争力和国家竞争优势—国际贸易。

还有一些国际规则的签署是行业性质或者有更多企业参与的,这部分国际规则的出台则会直接影响钻石体系的四个核心要素(见图2-6)。比如航空也关于碳税问题的国际规则一旦出台,则会对生产要素条件、企业战略和竞争等问题产生影响,这种影响相互作用将最终决定各国在航空运输领域的竞争优势,并决定该部分服务贸易的利益分配和格局。

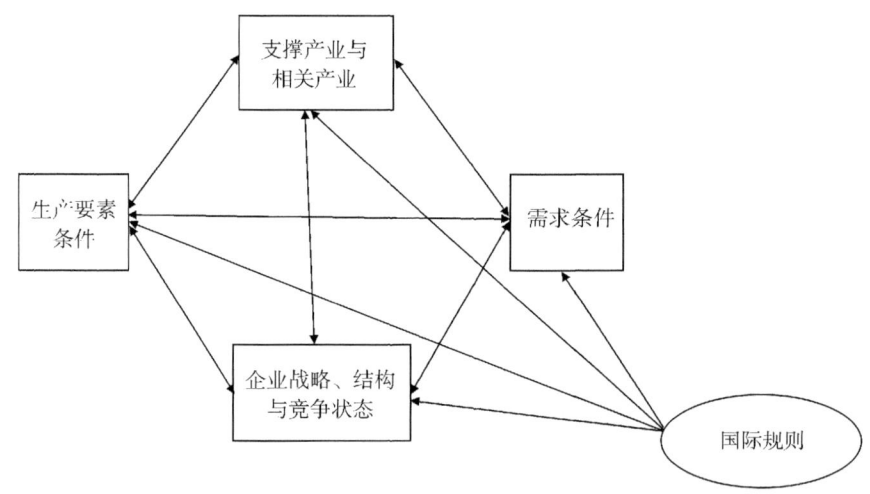

图2-6 从国际规则出发的低碳经济对贸易的影响路径2

(6)从政府出发的影响路径1:政府—钻石体系核心要素—企业竞争力和国家竞争优势—国际贸易。

政府与低碳相关的政策做法将直接影响钻石体系的四个核心要素,并影响一国的竞争优势,从而影响国际贸易(见图2-7)。尽管波特的国家竞争优势理论认为，政府在国家竞争优势中的作用并没有那么大，但是在低碳经济条件下，由于低碳发展在很大程度上需要政府的推动，并且从现实中各国低碳经济发展现状看，也主要是由政府在主导，因此政府对于竞争优势的影响还是很大的。政府通过制定低碳的政策、法规、标准等创造出新的竞争环境和条件，影响着消费者的需求、企业的战略和竞争、支撑产业与相关产业；政府资助的各类科学研究、教育和人才培养，也在改变着一国的生产要素条件；政府对某些低碳产业的鼓励和扶持，会引导该产业的发展，促使人才、科研等生产要素条件向该产业集中，促进相关产业和支撑产业的发展，也会影响企业的竞争状态。而钻石体系内部的相互影响，最终将影响一国在该产业的竞争优势，从而影响国际贸易。

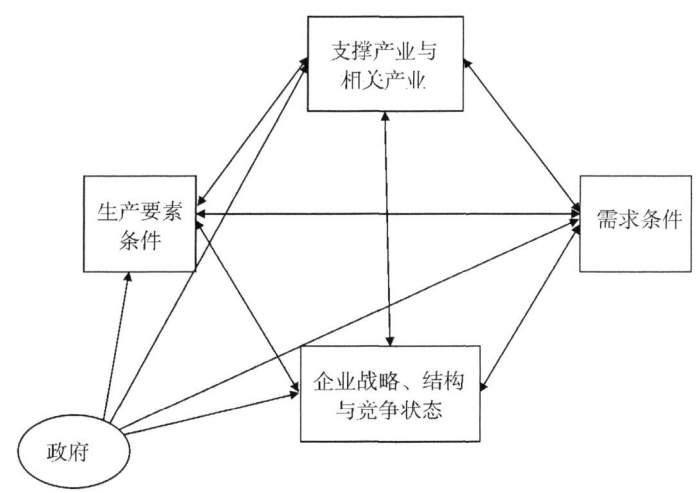

图 2-7　从政府出发的低碳经济对贸易的影响路径 1

（7）从政府出发的影响路径 2：政府—国际规则—钻石体系核心要素—企业竞争力和国家竞争优势—国际贸易。

政府对贸易的影响还能通过政府推动或影响国际规则的制定，从大的外部影响钻石体系核心要素，从而影响国家竞争优势，影响国际贸易

(见图2-8)。一国在低碳经济的某一领域取得了一定的积累和优势后,可以通过将该国具有优势的内容转化为国际规则,在全球推广,通过规则的制定来使得其竞争优势在全球推广,以实现贸易利益。比如,低碳经济发展较好的国家通过将低碳产品和服务纳入到WTO框架内实现自由贸易,来使得其产品和服务可以更好地进入其他国家市场;或者通过国际标准的制定,来推广其低碳技术和服务,由于其在该领域已经有了一定的发展和优势,一旦这种产品或服务的标准国际化,就相当于将其国内需求转化为全球需求,这无疑也可以创造出竞争优势,并影响国际贸易。

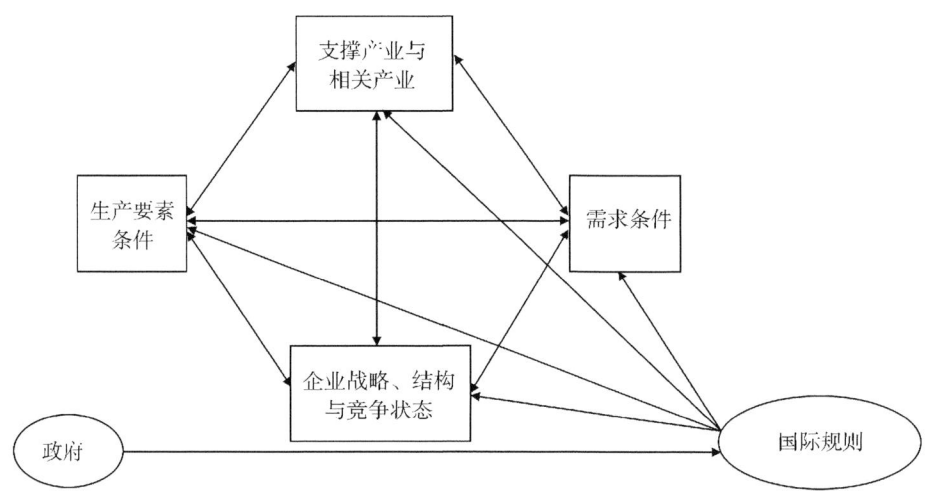

图2-8 从政府出发的低碳经济对贸易的影响路径2

从上述对影响路径的分析也可以看出,低碳经济对国际贸易的影响方式主要是两大类:一类是通过规则,还有一类是通过竞争环境。低碳经济的发展使得贸易领域及与贸易相关的国内外政策、法规和标准等规则发生变化,这种变化将会对企业的经营和发展产生直接的影响,并影响企业在贸易中的竞争力。低碳经济发展,促使碳税、碳关税、低碳技术性贸易措施等与规则相关的问题浮出水面,这些领域能达成怎样的规则,将对贸易直接产生重大影响。此外,低碳经济发展本身所营造的国内外竞争环境,使得国内资源、需求更多向低碳领域倾斜，在这种低碳竞争环境下，钻石体系内部的运转情况，也将极大地影响产业的竞争力，从而影响国际贸易。当一国的竞争环境能让企业以最快的速度积累低碳领域的专业资产与技能，企业就会获得竞争优势；当一国的环境能为企业持续提供更好的低碳产品与制造工艺的信息时，企业也会从中获得竞争优势；当国家竞争环境逼迫企业创新与投资时，企业也会形成竞争优势并获得不断提升，而这些竞争优势都是国际贸易的必要条件。

3. 小结

尽管本研究分几个层面列出了低碳经济对国际贸易影响的路径和方式，但必须指出的是，最终对贸易的影响是整个钻石体系关键要素在机会、国际规则和政府三个外部要素的作用下，相互影响、相互作用实现的。钻石体系的每个点，以及体系本身，都影响着企业的国际竞争力和竞争优势，成为影响企业能否在国际竞争中取得成功的基本条件。任何一个影响路径自身都不能决定一国的竞争优势，且各个影响路径之间也有相互关联，所以不能通过任何一条来对国家的竞争优势作出判断；但是可以通过这些影响路径和方式来分析低碳经济对贸易的影响。

【案例分析专栏】

## 欧盟航空碳税

**1. 欧盟航空碳税的出台及其主要内容**

2008年11月19日，欧盟通过欧洲议会和理事会第2008/101/EC号指令，修改关于碳排放交易体系的第2003/87/EC号指令，将所有在欧盟成员国起飞或降落的航班纳入碳排放交易体系之中。新指令将所有航空公司2012年排放量上限设定为历史排放（2004~2006年平均排放量，据计算为 219476343 吨二氧化碳①）的 97%（212892053 吨二氧化碳）；而到 2013 年，民航业排放量上限将被进一步减少至历史排放量的 95%（208502526 吨二氧化碳）。该指令从 2012 年 1 月 1 日开始实施。

根据该指令，从 2012 年 1 月 1 日起，所有在欧盟境内飞行的航空公司的碳排放量都将受限。欧盟单方面规定的航空公司免费排放额度为其原排放量的 85%，剩余的 15% 将进行拍卖；到 2013 年免费排放额度比例将进一步降至 82%；而各航空公司将为超出部分掏"绿色买路钱"。该指令还规定，对拒不执行此法案的航空公司，将实施超出部分按每吨 100 欧元（约合 130 美元）进行罚款以及被禁止在欧盟境内飞行的制裁措施。以 2011 年 12 月国际碳排放交易市场上的价格计算，在欧盟境内飞行的航空公司 2012 年若还按原排放量，将需额外支付 3.8 亿欧元（约合 5 亿美元）。② 指令还指出，当第三国起飞的航班采取了与欧盟相似的措施来减少碳排放时，欧委会可考虑将这些航空公司从附录Ⅰ中去除。

**2. 各方对欧盟航空碳税的看法**

欧盟这一指令一经推出，就遭到了很多国家和航空公司的反对。美国航空运输协会及会员美国航空公司、大陆航空公司、美国联合航空公司认为，欧盟征收航空碳税具有歧视性，违反了《国际民用航空公约》（《芝加哥公约》）的多项条款。2009 年底，美国上述四方在英国高等法院提起诉讼。美国航空运输协会在其诉讼中指出，欧盟航空排放交易体系适用于非欧盟航空公司的做法违反了《国际民用航空公约》第一条的规定，即缔约国承认每一个国家对其领土之上的空域具

---

① 张璐晶，谈佳隆. 欧盟空中"抢钱" 中国民航一年或交碳税 8 亿元［EB/OL］. 中国经济周刊，http：//news.xinhuanet.com/air/2011-05/17/c_121424866_3.htm，2011-05-17.
② 王寰鹰. 欧盟征收航空"碳税"或引发贸易战［EB/OL］. 新华网，http：//news.sina.com.cn/w/sd/2011-12-22/151623677224.shtml，2011-12-22.

第二章　低碳经济条件下国际贸易理论和分析框架

有完全的和排他的主权。不仅如此，欧盟的单边要求已经干涉了国际民用航空组织根据《国际民用航空公约》第十二条管理公海上空飞行的职权。该协会还认为，欧盟征收航空"碳税"更违反了美国和欧盟签署的空中服务协议中有关税费的规定。对此，欧洲法院否决了美方的指控，认定欧盟有权在国际民航组织框架之外采取行动。2011年12月21日，欧盟公布其最终裁决书，声称欧盟将航空业纳入其碳排放交易体系既不违反相关国际法原则，也不违反"天空开放"协议，就此驳回了美方的诉讼。

2011年11月初，国际民航组织在蒙特利尔总部举行的第194届理事会第二次会议上通过决议，首次明确表示反对欧盟将国际航空业纳入欧盟碳排放交易体系，敦促欧盟及其成员国与国际社会合作处理航空排放问题。

2012年2月，来自中国、美国、日本、俄罗斯、印度、巴西等近30个国家的代表团在俄罗斯召开会议，共同签署了反对欧盟单方面征收航空碳税的协议。

**3. 欧盟航空碳税对航空业竞争优势的影响**

欧盟这一指令的推出，将航空公司之间的竞争加上了碳排放这一要素，使得那些在低碳领域已经制定了战略并能在减少碳排放方面进行创新并获得成效的航空公司有可能在新一轮竞争中获得有利的地位。但是欧盟航空碳排放税的征收单独并不能导致一国企业的竞争优势，还要看企业在其他生产要素条件、满足客户需求、其支撑和相关产业的发展及企业自身的战略和竞争状态等。

欧盟这一指令的推出，还对航空业的支撑产业和相关产业发展产生影响，包括对航空器和航空燃油及相关服务业。航空公司为了减少碳排放，会更加注重飞机的节能性，而欧盟的空客A380就是当前非常节能环保的机型，该指令的推出，无疑也会带动空客的发展。此外，也会带动航空生物燃油的使用，这也将是竞争的新的方向。欧盟航空碳税的实施还将带动碳金融、碳交易、碳核算、碳报告、碳认证等服务贸易领域的发展。航空公司要获得免费排放额，需要就其以往的碳排放进行核算、报告和认证，并且要参照欧盟的标准来进行，会带动欧盟与此相关的服务业的发展，而这种服务业的发展，也会反过来促进欧盟航空业竞争优势的形成。

此外，航空碳税的征收，也会使得欧盟碳排放交易体系的货币——欧元地位进一步加强，未来有可能会出现像石油美元那样的作用，这无疑也会给欧盟经济和竞争力带来优势。

从机会的角度看，欧盟航空碳税还存在一些不确定的因素。由于欧盟航空碳税当前遭到很多国家的反对，而其他国家如果采取了类似的做法或者反制措施，都会对这一法规执行的效果产生影响，未来法规如何执行还存在不确定性，因此，其对一国航空业的竞争优势的影响还有待确定。这种不确定性本身也会影响到行业内的竞争状态。

从国际规则看，在各国分歧较大的情况下，各国更倾向于在航空业国际组织——国际民航组织（ICAO）内处理这一问题。当前ICAO正在制定航空业减排的国际规则，而欧盟的做法及各国的观点都会对新的规则产生影响，欧盟法规与其他国家利益诉求的协调将推动新的国际规则的出台，而新的国际规则又会营造新的竞争环境，并通过钻石体系对各国竞争优势产生影响。

资料来源：王寰鹰. 欧盟征收航空"碳税"或引发贸易战 [EB/OL]. 新华网，http://news.xinhuanet.com/fortune/2011-12/22/c_111275189_2.htm，2011-12-22. 张大成. 国际民航组织反对欧盟航空"碳管制"[EB/OL]. 新华网，http://news.xinhuanet.com/world/2011-11/03/c_111143482.htm，2011-11-03.

# 第三章　各国低碳经济政策及其中隐含的贸易影响

当前，应对气候变化和发展低碳经济已经成为国际社会关注的重点之一，也成为国际组织、区域组织和各国政府议事日程上的重要一项。2007年，应对气候变化成为 G8 峰会和联合国安理会及联合国大会的优先讨论的议题；而欧盟则把应对气候变化作为欧洲理事会常规讨论的议题。很多经济体，包括发达经济体和发展中经济体，都出台了一些与低碳经济相关的政策、法规及标准等，对低碳经济发展的重点领域和内容等问题做了规定，这些政策法规和标准等有的直接将对贸易产生影响，有的将通过影响竞争力或国际规则在未来对贸易产生影响。本章将分析我国主要贸易对象国发展低碳经济的战略、政策、计划，相关的法律法规和标准，以及其他特别需要关注的低碳做法等。

## 一、欧盟低碳经济相关政策

欧盟是低碳经济发展的起源地，也是在低碳经济发展较好的经济体。低碳经济已经成为欧盟的发展重点和重要竞争力来源。作为气候变化谈判的积极推动者和低碳经济发展的倡导者，欧盟很早就制定了自己的低碳发展战略和欧洲气候变化计划，并制定了大量的指令、标准等来落实低碳发展目标。此外,欧盟还对碳税和碳关税等问题进行了探讨。

## (一) 欧盟低碳经济相关战略、政策和法规

虽然低碳经济的概念在 2003 年才从官方层面提出,但以应对气候变化、减少二氧化碳排放等为主要内容的低碳经济相关战略和政策很早就有了。欧盟早在联合国气候变化框架公约签署之前就开始讨论内部控制温室气体排放及责任分担问题,并在国际谈判中保持一致。1991 年欧盟发布了第一个控制二氧化碳排放和提高能源效率的战略,包括促进新能源发电的指令、汽车制造商减排 25% 的自愿承诺,以及对能源产品征税的提议等。随着联合国气候变化框架公约和《京都议定书》的陆续签署和批准,欧盟也进一步加快低碳领域的研究、政策制定和立法进程。2000 年以后,欧盟陆续出台了很多重要的政策法规,其中很多指令对贸易具有重要影响。

1. 欧洲气候变化计划①

2000 年 6 月,欧盟启动了"欧洲气候变化计划" (European Climate Change Programme, ECCP),来帮助识别对欧盟层面削减温室气体排放最环境有效和成本有效的政策和做法,目的是确保欧盟可以采取有效的政策措施,减少温室气体排放,落实《京都议定书》的减排目标。

ECCP 整合了欧盟层面实施的与碳排放相关的各类减缓和适应行动,如可再生能源和能源需求管理领域的活动,并与欧盟相关发展规划和战略,如欧盟第六个环境行动计划 (2002~2012) (EU's Sixth Environmental Action Programme) (欧盟环境行动计划形成了欧盟的环境行动战略框架,其中气候变化是其前四个优先事项之一)、欧盟可持续发展战略 (EU's Sustainable Development Strategy) 相契合。

---

① 该部分内容根据欧盟官方网站信息整理,http://ec.europa.eu/clima/policies/eccp/first/index_en.htm。

ECCP 由欧盟委员会牵头，采用多利益相关方参与模式，欧盟委员会、产业界、非政府组织和各国专家广泛参与。ECCP 将利益相关方参与作为其必不可少的组成部分，以此来获得更广泛的共识，以便于最后达成的政策和措施能够落实。

ECCP 分为两个阶段：第一阶段为 2000~2004 年，由计划行动委员会协调，下设 11 个工作组，处理相关部门和政策事宜，包括：排放权交易机制，联合履约和清洁发展机制，能源供应，能源需求，终端能效和工业流程能效，运输，工业，研究，农业，农业土壤固碳，森林固碳。工作组要按照最具有环境效益和成本效益的标准识别出现有和潜在减排选择，并确定这些政策措施产生的连带效益，如保障能源安全和提高空气质量等。

ECCP 在第一阶段做了很多工作并取得了一些成果，其中的一个重要成果就是提出了欧盟排放交易体系（EU Emissions Trading System）的提案，该体系涵盖了发电和工业制造部门 11500 家排放大户。此外，还提出了促进生物燃料的指令提案和通信，提出促进电热联产生物燃料（Combined Heat and Power（CHP）Biofuels）的提案，以及关于车辆征税的通信。

ECCP 第二阶段①于 2005 年开始，第二阶段结合欧盟里斯本战略，将促进经济增长、创造就业与温室气体减排有机结合起来，进一步寻找具有成本效益的减排选择。ECCP 第二阶段包括以下几个工作组：第一阶段回顾（分为交通、能源供应、能源需求、非二氧化碳气体和农业五个小组），航空排放，二氧化碳与汽车（轻型卡车的二氧化碳排放），碳捕获和储存，适应气候变化，减少轮船的温室气体排放等。此外，还对可行的机制、农业、农业土壤固碳、森林固碳等方面的措施进行了调研，并特别对欧盟生态管理和审计计划（EMAS）第二阶段（E2MAS）、汽车挑战倡议、可再生能源供热问题等进行了进一步的研究。

---

① 该部分内容根据欧盟官方网站关于 ECCP 第二阶段的介绍整理而成，http://ec.europa.eu/clima/policies/eccp/second/index_en.htm。

在 ECCP 框架下，欧盟委员会在上述领域推出了一系列行动规划①，如"智能型能源—欧洲"计划、"马可波罗方案"、"电机挑战方案"、"气候变化与欧盟农村发展规划"等，并分别安排资金（上百亿欧元）、政策予以推动。"智能型能源—欧洲"的宗旨是促进智能型能源利用和可再生能源的发展，其实施重点是与地方、国家和国际项目联合融资，推广使用智能型能源，加强相关的能力建设。2003~2006 年，这一计划总预算资金 2.5 亿欧元，2007~2016 年拟将预算增加到 7.8 亿欧元。"智能型能源—欧洲"又包括很多内容，如"节能项目"致力于提高工业和建筑行业能效；"可再生能源计划"支持可再生能源资源的开发利用；"转向计划"支持可持续交通、燃料多样化、运输部门利用生物燃料、提高能源效率；在发展中国家推进可再生能源利用。"马可波罗方案"主要提供融资支持非公路运输服务，2007~2013 年预算约 7.4 亿欧元；"电机挑战方案"旨在帮助公司提高电机驱动系统能效，2003~2004 年预算 10 亿欧元，2005~2006 年预算 18 亿欧元；"气候变化与欧盟农村发展规划"旨在促进欧盟乡村环境建设，2007~2013 年拟安排预算 70 亿欧元。

**2. 欧盟与应对气候变化和低碳发展相关的法律法规**

欧盟与应对气候变化和低碳发展相关的法律法规起步早，并在不断完善。2000 年以来，欧盟出台了大量的指令、决议和规章，内容涉及可再生能源发电、建筑能源效率、生物燃料和其他可再生燃料、排放交易系统、能源税、用能产品生态设计等各个方面。这些指令、决议和规章分别从不同的方面对节约能源、提高能源使用效率提出了要求，既涉及新能源的开发利用，又涉及空调、汽车等耗能产品的生产和使用，也包括产品从设计开始的生命周期全过程。

---

① 该部分内容引自财政部亚太财经与发展中心网站文章：欧盟应对气候变化财政政策简析，http://www.afdc.org.cn/afdc/cn/datebase.asp?info_id=171&id=2.

欧盟官方网站将其众多的低碳立法概括为以下几个方面:①

（1）温室气体监督和报告。2002年4月25日，欧盟第2002/358/EC号理事会决议批准了《联合国气候变化框架公约》的《京都议定书》及其规定的联合履约承诺，欧盟及其成员国共同对《京都议定书》下的减排承诺承担责任，这为欧盟落实减排责任，发展低碳经济提供了法律基础。据此，2006年12月14日，欧委会发布第2006/944/EC号决议，对共同体和各个成员国在《京都议定书》下各自的减排承诺进行了分配；2010年12月15日，委员会第2010/778/EU号决议又再次对减排责任进行调整。2004年2月11日，欧洲议会和理事会发布了第280/2004/EC号决议，就温室气体监督委员会机制和执行《京都议定书》的机制作出了规定；2005年2月10日，欧盟委员会通过了第2005/166/EC号委员会决议，对于执行上述决议制定了具体的规则。

（2）欧盟碳排放交易体系②。2003年10月13日，欧洲议会和理事会发布第2003/87/EC号指令，建立一个欧盟排放交易机制，允许温室气体排放在共同体内部进行交易。这成为欧盟应对气候变化、发展低碳经济的重要组成部分和制度保证。

2004年10月27日，欧洲议会和理事会又发布了第2004/101/EC号指令，根据《京都议定书》的项目机制对此进行修改。2006年11月13日，欧委会发布第2006/780/EC号委员会决议，主要内容是避免碳减排的双重计算，防止在《京都议定书》机制下开展的减排项目活动在欧盟碳排放交易机制下再次被计入减排量从而发生双重减排问题。该决议指出，如果一个项目活动是在《京都议定书》的灵活机制下设立的，那么就不能作为该项目活动所在的设施在欧盟碳排放交易体系下的减排单位（Emission Reduction Units（ERUs））或核实的减排（Certified Emission Re-

---

① 该部分内容根据欧盟官方网站关于气候立法的内容整理而来，http：//ec.europa.eu/dgs/clima/acquis/index_en.htm#EU_ETS。
② 该部分内容根据欧盟官方网站关于碳排放交易体系的内容整理而来，http：//ec.europa.eu/clima/policies/ets/index_en.htm。

ductions（CERs））①。2007年7月18日，欧委会第2007/589/EC号决议确立了监督和报告温室气体减排的指南，该决议后来又经过多次修改。

2008年11月19日，欧洲议会和理事会通过第2008/101/EC号指令，再次对欧盟排放交易指令EU ETS进行修改，主要内容是将航空活动纳入到欧盟温室气体排放交易体系之中。2009年，又进一步修改指令以扩大碳排放交易体系涵盖的范围，并对航空碳排放问题作了进一步的规定。

（3）减排分担决议。2009年4月23日，欧洲议会和理事会通过了第406/2009/EC号决议，为成员国2013~2020年设立了年度约束性减排目标，以实现欧共体2020年的减排承诺。这些约束性减排目标涉及一些欧盟排放交易体系未涵盖的部门，如交通、建筑、农业和废弃物等。这是欧盟向低碳转型、提高其能源安全的政策和措施的重要组成部分。

（4）碳捕捉和封存。2009年4月23日，欧洲议会和理事会通过了第2009/31/EC号关于二氧化碳地理封存的指令，对二氧化碳的地理封存及其环境安全性等内容作出了规定。

（5）交通/燃料。1998年10月13日，欧洲议会和理事会发布关于汽油和柴油燃料质量的第98/70/EC号指令；2009年4月23日，欧洲议会和理事会又通过第2009/30/EC号指令对其进行了修改，对汽油、柴油的分类进行了规定，并提出监督和减少温室气体排放的机制。1999年12月13日，欧洲议会和理事会通过了第1999/94/EC号指令，要求新乘用车在销售过程中要为消费者提供燃料经济性和二氧化碳排放方面的信息。2009年4月23日，欧洲议会和理事会通过第443/2009号规章，设立了新乘用车排放绩效标准，并以此作为一体化方法来减少轻型车的二氧化碳排放；2010年11月10日，欧委会通过关于监督和报告新乘用车注册数据的第

---

① 2006/780/EC：Commission Decision of 13 November 2006 on avoiding double counting of greenhouse gas emission reductions under the Community emissions trading scheme for project activities under the Kyoto Protocol pursuant to Directive 2003/87/EC of the European Parliament and of the Council，http：//eur-lex. europa. eu/LexUriServ/LexUriServ. do？ uri＝CELEX：32006D0780：EN：NOT.

1014/2010 号委员会规章,进一步落实第 443/2009 号规章。2011 年 5 月 11 日,欧洲议会和理事会通过了第 510/2011 号规章,设定了新轻型商用车辆的排放绩效标准。

(6) 臭氧层保护。2009 年,欧洲议会和理事会通过关于臭氧层物质的第 1005/2009 号规章,2010 年 8 月 18 日通过 744/2010 号委员会规章对其进行了修改,特别关注哈龙的使用。

(7) 氟化气体。2006 年 5 月 17 日,欧洲议会和理事会通过了第 842/2006 号规章,确立了特定氟化温室气体的生产商、进口商和出口商需要提交的报告格式。据此,2007 年欧委会先后对表格的形式、关于含有氟气体的产品和设备的标签格式和附加标签要求作出了规定,提出含氟化气体的静态防火系统、冰箱、空调和热泵设备的标准泄漏核查要求,并对相关企业和人员认证的最低要求和互认标准以及人员培训等作出了规定。这部分内容涉及很多技术性问题,有些直接对贸易产生影响,有些则会通过程序化的内容对企业提出新的要求。

(8) 其他低碳相关的法规。除了上述欧盟官方网站列出的气候变化立法以外,欧盟还出台了大量的指令、决议和规章等,促进节能减排,发展低碳经济,其中很多都涉及微观技术层面的内容,主要包括 2001 年欧委会关于促进内部电力市场使用可再生能源发电的第 2001/77/EC 号指令、2002 年欧委会关于建筑的能源效率的第 2002/91/EC 号指令、2003 年欧委会关于促进交通中使用生物燃料或其他可再生燃料的第 2003/30/EC 号指令、2003 年欧委会关于建立排放交易系统(ETS)的第 2003/87/EC 号指令、2003 年欧委会关于对能源产品和电力征税的第 2003/96/EC 号指令、2005 年欧委会关于用能产品生态设计的第 2005/32/EC 号指令等。

此外,为落实 ECCP,2006 年 4 月欧委会出台了关于能源最终使用效率和能源服务的国家计划的第 2006/32/EC 号指令,2006 年 5 月欧委会出台了关于特定氟化温室气体的第 842/2006/EC 号规章,2006 年 5 月欧委会出台了关于机动车辆空调系统的第 2006/40/EC 号规章。

### 3. 欧盟气候变化和能源战略

欧盟与应对气候变化和发展低碳经济相关的环境战略很早就有，但是真正在欧盟层面比较有影响力的是 2006 年欧盟出台的能源战略。2006 年 2 月，欧委会制定了关于生物燃料的欧盟战略（COM（2006）34）；2006 年 3 月，欧委会发布了第 COM（2006）105 号文件——《关于可持续的、有竞争力的、安全的能源战略绿皮书》①（Green Paper on a European Strategy for Sustainable, Competitive and Secure Energy），在此基础上，2007 年 1 月 10 日，欧委会出台了"一揽子"能源政策作为该战略的一部分，并将能源问题再次作为欧盟事务的核心。进一步地，欧盟政府首脑于 2007 年 3 月 9 日在欧洲理事会春季会议上采纳了一项综合能源行动计划。

欧委会关于能源战略的绿皮书是欧盟能源政策的重要里程碑，将之前分散的能源政策整合为共同的能源战略，来实现欧盟的能源安全和竞争力，对于欧盟实现其经济、社会和环境目标具有重要意义。欧盟认识到，要实现可持续发展，就必须解决当前在能源领域面临的问题，例如对进口能源的依赖、油气价格的变化、气候变化、需求的不断增长及欧盟完全竞争的内部能源市场面临的障碍等。因此，欧盟要求其成员国尽一切可能执行欧洲能源政策，致力于以下三个核心目标：一是促进可再生能源发展、提高能源效率，积极应对气候变化来实现可持续性；二是建立真正具有竞争力的内部能源市场，提高欧洲输电网络的效率，来实现竞争力；三是在国际范围内更好地将欧盟能源供给和需求结合起来，实现能源供给安全。绿皮书还提出了执行欧洲能源政策要优先考虑的问题，包括建立内部天然气和电力市场；保证内部市场供应安全，促进成员国之间的团结；在全欧盟范围对不同能源及能源结构进行讨论；以符合其里斯本目标的方式，应对气候变暖所带来的挑战；制订能源技术战略计划；统一对外能源政策。

2007 年 3 月，欧盟国家和政府首脑批准了由欧委会提出的一项完整的

---

① Green Paper on a European Strategy for Sustainable, Competitive and Secure Energy, http://europa.eu/legislation_ summaries/energy/european_ energy_ policy/l27062_ en. htm.

气候变化和能源战略，旨在应对气候变化，在增强竞争力的同时提高欧盟能源安全，承诺欧盟将转向高能源效率、低碳经济。该战略设定了到2020年的气候和能源目标，包括：欧盟温室气体排放比1990年至少减少20%，可再生能源在能源消费中的比重达到20%，通过提高能效使基础能源使用与项目水平相比减少20%。针对该战略，2008年1月，欧委会提出"气候/能源'一揽子'计划"，涉及排放交易系统、可再生能源、碳捕捉与地理封存及交通燃料质量等方面。2009年1月该计划涉及的指令正式成为法律。

## （二）欧盟低碳经济相关的技术性贸易壁垒

欧盟除了专门针对气候变化制定了一些宏观层面的战略、政策和法规外，还制定了一些技术层面的法律法规、标准和合格评定程序，这些技术性贸易壁垒将对国际贸易产生直接或间接的影响，其中比较重要的包括2002年欧委会关于建筑的能源效率的第2002/91/EC号指令、2003年欧委会关于建立排放交易系统（ETS）的第2003/87/EC号指令及其后续补充指令、2003年欧委会关于对能源产品和电力征税的第2003/96/EC号指令、2005年欧委会关于用能产品生态设计的第2005/32/EC号指令等。此外，还有一些民间开展的合格评定活动，如碳足迹和低碳认证等。

### 1. 欧委会关于建筑能源效率的指令

2002年12月16日，欧洲议会和欧洲理事会通过了关于建筑的能源效率的第2002/91/EC号指令。该指令主要包括以下四个方面的核心内容：一是关于计算建筑的整体能源效率的通用方法；二是新建筑和现有建筑进行较大翻修时的最低能效标准；三是对新建筑和现有建筑的能源认证体系，以及对于公共建筑永久显示该认证和其他相关信息，证书必须是在5年以内；四是对建筑物锅炉和中央空调系统的常规检查及对含有超过15年的锅炉进行额外的加热装置评估。该指令范围包括住宅部门、办公和公共建筑等部门，其中认证条款的范围并不包括如历史建筑、工业场所等建筑。当建筑物在建造、销售或出租时，应当有能源绩效认证。指令提出在计算能源效率时应当采用一体化方法，考虑诸如加热和冷却装置、照明装置、位置和建筑的朝向、热恢复等所有方面。

### 2. 欧盟关于排放交易系统的指令

2003年，欧盟第2003/87/EC号指令正式建立了欧盟排放交易体系。该体系基于总量控制和交易原则，对工厂、发电厂和其他系统内设施的二氧化碳排放总量进行控制或限制，在这个限制范围内，企业收到排放许可配额，他们可以出售或者购买这些配额。指令规定，每年年末，企业必须返还足够的配额来支付其排放，否则就将被征收很重的罚金。如果一家企业削减其排放，就可以有更多配额来支付其未来的排放，或者将其卖给其他缺少排放配额的企业。欧盟排放交易体系是欧盟应对气候变化政策的重要转折点，是欧盟削减工业温室气体排放的主要工具，具有成本效益。这种交易带来的灵活性可以确保减排成本最低的地方可以实现碳减排。许可的数额会不断递减，这样总的排放也会不断减少。到2020年，排放将比2005年减少21%。

2008年11月，欧盟通过第2008/101/EC号指令，将航空活动纳入到欧盟温室气体排放交易体系之中，在欧盟境内飞行的航空公司的碳排放量将受到限制，欧盟给航空公司原排放额度85%的免费排放额，剩下的15%需要向欧盟支付费用，从排放交易体系中购买。到2013年，免费排放额的比例将降至82%。该指令还规定，将对拒不执行该指令的航空公司采取惩罚措施，超出部分按每吨100欧元（约合130美元）进行罚款，还会采取禁止其在欧盟境内飞行的制裁措施。

作为第一个也是最大一个温室气体许可交易机制，欧盟碳排放交易体系覆盖了30多个国家（包括欧盟27国加上冰岛、列支敦士登和挪威）的11000个工厂，具体包括发电站、燃烧装置、炼油厂、钢铁厂，以及生产水泥、玻璃、石灰、砖、陶瓷、纸浆、纸张和纸板等工厂。欧盟排放交易体系中涵盖的碳排放量占欧盟二氧化碳排放总量的近一半，占所有温室气体排放的 40%。

2012 年,航空业也正式加入到欧盟碳排放交易体系,2013 年排放交易体系进入第三阶段后,欧盟排放交易体系将扩展到石油化学产品、氨和铝行业,并扩展到其他温室气体;在工作方式上也会发生重大变化,其中一个重要的进步是将允许配额拍卖,以此加强体系的效果。①

### 3. 欧委会关于能源产品和电力征税的指令②

2003 年 10 月 27 日,欧盟理事会通过了第 2003/96/EC 号指令(Council Directive 2003/96/EC of October 2003 Restructuring the Community Framework for the Taxation of Energy Product and Electricity),重构对能源产品和电力征税的欧盟框架,于 2004 年 1 月 1 日生效。该指令将欧盟关于能源产品的最低税率系统从之前的矿物油扩展到所有能源产品,包括煤炭、天然气和电。该指令的目的是减少当前成员国之间因为能源产品税率的差异而造成的竞争扭曲;也减少矿物油与其他能源产品之间的竞争扭曲;激励能源效率的提高,减少对进口能源的依赖;允许成员国对采取措施减少排放的企业进行税收返还激励。

### 4. 欧委会关于用能产品生态设计指令

2005 年 7 月 6 日,欧委会发布了第 2005/32/EC 号指令,提出了共同体内部用能产品的生态设计要求。该指令是欧盟产品一体化策略的组成部分,考虑整个产品生命周期(从原材料的选择和使用、制造、包装、运输、分销、安装与维修、使用和最终废弃全过程)中对能源的消耗。

本指令所指的用能产品是指一旦投放市场或投入使用,其正常运转即需要能源输入(电力、矿物燃料、可再生能源)的产品,或生产、运输、

---

① 根据欧盟官方网站关于碳排放交易体系的介绍整理而来,http://ec.europa.eu/clima/policies/ets/index_en.htm.

② 根据欧盟官方网站关于碳排放交易体系的介绍整理而来,http://ec.europa.eu/taxation_customs/taxation/excise_duties/energy_products/legislation/index_en.htm.

计量此类能源的产品，包括相关的零部件。本指令要求用能产品（不包括旅客运输或货物运输）必须符合指令规定的生态设计要求，才能投放市场、投入使用。成员国应采取所有正当措施，确保落实措施所包含的耗能产品只有在满足措施中的规定并标明"CE"标志后方能投放市场和/或投入使用。进口商品同样也要满足该指令的要求，由共同体以外的生产商在共同体内的授权代表或者进口商负责，确保投放市场或投入使用的耗能产品符合本指令及其落实措施的规定，并提供合规性声明和技术资料。

此外，该指令还特别对消费者信息做了规定，要求成员国政府对消费者进行引导和教育，向消费者提供有关产品可持续使用的必要信息，以及向消费者说明产品的生态档案及环保设计带来的好处。

### （三）欧盟碳税和碳关税问题

碳税和碳关税问题一直以来是我国学术界比较关心的问题。在欧盟，碳税起步较早，到现在也有了很大的发展，而碳关税则从提出到现在并没有太多进展，未来实施也存在很大的变数。

#### 1. 碳税

尽管欧盟早在2003年就已经制定了欧盟统一的能源税（见欧委会关于能源产品和电力征税的指令），并且已经有不少欧盟成员国开始征收碳税，但是欧盟层面针对二氧化碳排放的碳税一直没有正式出台，这也是导致法国制定了碳税制度却推迟执行的原因。2007年7月，欧盟关于监督和报告温室气体排放的指南（欧委会第2007/589/EC号决议）为碳税奠定了基础。2011年4月，欧委会提出关于修改欧盟能源产品和电力征税指令的第COM/2011/169提议，提出出台新的理事会指令，修改欧盟2003年版的能源税指令，全面检查欧盟过时的能源产品税收规则，制定新的规则来消除当前规则存在的不平衡问题，并将二氧化碳排放与能源成分都考虑进来制定新的最低税率。欧盟希望通过碳税来提高能源效率，促进对更加环境友好的产品的消费,并避免在单一市场的竞争扭曲。

在上述新指令建议中,欧委会提出对二氧化碳含量设置最低税率,为每吨二氧化碳20欧元,这一税率适用于所有能源产品的使用,但不适用于电力。能源含量的比率取决于能源产品是用于汽车燃料(到2018年逐渐达到每GJ 9.6欧元),还是加热燃料或为能源税收指令(ETD)第8(2)条款目的而使用的汽车燃料(到2013年为每GJ 0.15欧元),这个含量也适用于电力。表3-1中列出了根据ETD的最低税率和当前最低税率的对比。

表3-1 欧盟新的碳税建议的最低税率与当前能源最低税率的比较

| 能源产品汽车燃料 | 当前最低税率 | 提议中的最低税率 |
| --- | --- | --- |
| 汽油 | 359(欧元/1000L) | 360(欧元/1000L) |
| 柴油 | 330(欧元/1000L) | 390(欧元/1000L) |
| 煤油 | 330(欧元/1000L) | 392(欧元/1000L) |
| 液化石油气 | 125(欧元/1000KG) | 500(欧元/1000KG) |
| 天然气 | 2.6(欧元/GJ) | 10.7(欧元/GJ) |
| 加热用燃料和特定汽车燃料(用*表示) | 当前税率 | 提议的最低税率 |
| 汽油* | 21(欧元/1000L) | 57.37(欧元/1000L) |
| 重型燃油 | 15(欧元/1000KG) | 67.84(欧元/1000KG) |
| 煤油* | 0(欧元/1000L) | 56.27(欧元/1000L) |
| 液化石油气* | 0(欧元/1000KG) | 64.86(欧元/1000KG) |
| 天然气* | 0.15(欧元/GJ) | 1.27(欧元/GJ) |
| 煤炭和焦炭 | 0.15(欧元/GJ) | 2.04(欧元/GJ) |
|  | 当前最低税率 | 提议的2013年最低税率 |
| 电力 | 0.5(欧元/MWh) | 0.54(欧元/MWh) |

资料来源:欧盟官方网站公布的信息,http://ec.europa.eu/taxation_customs/resources/documents/taxation/minima_explained_en.pdf.

### 2. 碳关税

对于碳关税问题,最早是法国前总统希拉克提出,后来得到继任总统萨科奇的支持,声称是为了保护在欧盟排放交易体系需要承担高的合规成本的欧洲工业。在这一思想下，2007年11月，法国提议对来自环境法规不严的国家的工业产品征收进口关税，但是这一提法遭到了欧盟部长们的怀疑。据欧盟媒体Euractiv 2011年11月26日报道，欧委会内部曾讨论过要求进口商在其产品进入欧盟市场之前要在排放交易体系下购买排放许可，但委员会官员认为这一方案不可能成功，因为这涉及对WTO层面的法律挑战，同时也面临着计算进口商要支付的价格会非常复杂的问题。在竞争理事会的非正式讨论中，专家对碳关税问题也持否定态度，认为即便符合WTO规则，也不可能得到欧盟成员国大多数的赞成票，因为欧盟商界担心其他国家也会采取相关的措施针对他们的出口，而那些具备环境友好的生产方法的进口商会比较高兴能收到更多排放交易信用，使他们的进口更加便宜。欧盟企业专员Günter Verheugen在2007年11月19日对欧盟理事会气候变化临时理事会讲话时指出，欧盟更倾向采取自愿的部门协议来削减排放。他希望能将这一想法纳入到巴厘岛气候变化大会欧盟官方谈判议题之中。①

2008年1月，当欧委会着手出台气候和能源"一揽子"政策（包括修改温室气体排放交易体系）时，包括水泥、钢铁、铝业和化工部门等重工业界认为越来越严格的二氧化碳排放控制将提高其能源成本，使其不得不将工厂和就业迁移到其他环保法律没那么严格的国家（如中国），这会造成碳泄漏而没有任何环保利益。1月23日，欧委会主席巴罗佐宣布新的气候变化立法将要求缺少气候政策的国家的出口商如果想与欧盟开展贸易，则需要购买欧盟污染许可。他提出，除非对于2013年之后的二氧化碳削减达成国际性方案，欧盟将要求进口商与欧盟竞争者一样获得排放许可配额，只要这样的制度符合WTO要求。这一提法得到欧盟工会联合会的支持，但是激怒了英国和美国政府。英国高管立即回应巴罗佐的说法，将反对欧盟对第三国进口实施碳税的任何做法。美国也表示对于巴罗佐的碳关税建议很失望，美国贸易代表Susan Schwab表示很失望看到欧盟将气

---

① "Carbon" Import Duty Proposal Fails to Impress, Published 26 November 2007, http://www.euractiv.com/trade/carbon-import-duty-proposal-fails-impress/article-168665.

候或环境问题作为关闭市场的借口。英国能源部长 Malcolm Wicks 也认为这样的计划只是保护主义的做法,英国反对任何看起来是贸易壁垒的做法。①

2009 年 9 月,法国再次提出欧盟对二氧化碳征收边境税,时任法国总统萨科奇和德国总理默克尔还在哥本哈根会议之前共同向联合国秘书长潘基文写信,希望对没有作出足够承诺的国家采取"合适的调节措施"。2010 年 4 月,时任法国和意大利要求欧盟对于没有参与全球削减温室气体排放协议的国家征收碳关税,法国总统萨科奇和意大利前总理贝卢斯科尼在给欧委会主席巴罗佐的一封信中提出了"欧盟法律未来将进口商纳入欧盟排放交易体系的可能性",并建议"欧委会报告应该定义什么时候可以把这种调整机制应用于欧盟边界"。但这一提法遭到了欧盟委员会和其他欧盟成员的反对。欧盟贸易委员德古特明确表示,他反对征收碳关税,并认为此举只会引发不必要的贸易战,欧盟应当采取与世界贸易组织规则等市场规则相一致的政策措施。德国批评碳关税的提法就像"生态帝国主义",会直接违反 WTO 规则。其他欧盟成员国如瑞典也反对这个方案,而发展中国家则担心这个措施会是一个隐形的贸易保护主义做法,将发展中国家的产品拒绝在外。

2011 年 4 月,欧洲议会预算委员会三个成员从税收角度再次提出碳关税问题,认为欧盟可以通过向进口产品征收碳关税来获得每年 485 亿欧元的税收收入。②

综合来说,欧盟少数成员国和欧洲议会对于碳关税问题比较积极,主要是担心欧盟排放交易体系会给企业带来较大成本负担,使得欧洲工业丧失竞争优势,因此要通过征收碳关税来避免来自欧盟外国家的不公平竞争,同时防止碳泄漏问题。到目前为止,欧盟碳关税的提法并没有得到多

---

① Britain and US up in Arms against EU Carbon Tax, Published 23 January 2008, http://www.euractiv.com/climate-change/britain-us-arms-eu-carbon-tax/article-169790.

② Leading MEPs Propose VAT, Carbon Tariff for EU Budget, http://www.euractiv.com/future-eu/leading-meps-propose-vat-carbon-tariff-eu-budget-news-503888.

数国家的支持,欧委会贸易委员也明确反对碳关税,除了是否与 WTO 规则相符的问题之外,也存在如何计量关税额等问题,还存在引发与其他国家贸易战的风险。因此,可以判断,欧盟碳关税短期之内较难在制造业实施。

3. 欧盟航空碳税

2008 年 11 月通过的关于将航空部门纳入碳排放交易系统的指令,将欧盟内部政策扩展到其贸易对象国。该指令从 2012 年 1 月 1 日开始实施,要求所有经过欧盟的航空公司要从欧盟碳排放交易体系之中购买排放配额,相当于向欧盟之外的航空公司征收了碳税,而这个碳税就具有碳关税的性质,可以看作是碳关税的一个变形。欧盟这一规定从通过之日起就遭到了很多国家的反对,2012 年 2 月 21 日至 22 日,来自中国、美国、俄罗斯、巴西、印度、日本、新加坡、南非、阿根廷等在内的 30 个国家的 32 个代表团在莫斯科召开国际会议,就欧盟征收航空碳税问题协调立场,共同反对欧盟单方面将国际航空纳入欧盟的碳排放交易体系。其中 29 个国家签署了联合宣言,针对欧盟单方面向他国航空公司征收碳排放税,提出了"一揽子"可供各国选择的反制措施,其中包括利用法律禁止本国航空公司参与碳排放交易体系、修改与欧盟国家的"开放天空"协议、暂停或改变有关扩大商业飞行权利的谈判等。这次莫斯科会议前,中国和美国已明确表态,反对本国航空企业缴纳欧盟航空碳排放税。2012 年 2 月 14 日,由中国、印度、巴西和南非组成的"基础四国"在印度新德里举行的部长会议上也曾共同表达反对欧盟强征航空碳排放税的意愿。①

面对各方压力,欧盟交通专员卡拉斯、气候行动司司长德贝克等高官已经作出了一些妥协姿态,包括建议"有条件暂停"航空碳税新法规部分内容,以及暗示有意在国际民航组织框架内寻求制定全球解决方案等。欧盟航空碳税究竟走向何方,现在还不能作出判断,很有可能会通过国际

---

① 杨政. 欧盟航空碳税惹众怒 [EB/OL]. http://news.xinhuanet.com/world/2012-02-24/c_122747552.htm,2012-02-24.

民航组织来制定全球民航系统减排方案的方式来实施,这也有可能导致一项新的国际规则得以形成。

## (四) 欧盟与国际贸易和投资有关的低碳政策总结

欧盟发展低碳经济主要通过制定战略和发展计划指导低碳经济发展方向,通过各种指令、决议和标准等具体政策对用能产品、生物燃料和能源服务等进行直接管理,并通过财政资金支持进一步落实和推动低碳经济发展。此外,欧盟还积极开发并利用以市场为基础的工具,包括排放交易系统、促进可再生能源在电力市场的比重、开征能源税等以鼓励节能和降低二氧化碳排放。这些做法中很多都涉及国际贸易、产品的进出口等,有些是直接对进口产品提出要求,比如用能产品生态设计指令、产品能效标准等;有些是通过欧盟排放交易体系来实现对贸易的影响,比如欧盟航空碳税;还有些是通过提升欧盟自己的竞争力的方式来实现对贸易的影响。

除了欧盟内部采取各类措施来发展低碳经济之外,欧盟还积极推动其低碳做法的国际化,通过与其他国家的贸易协定或贸易谈判来实现。据欧洲理事会网站信息,欧盟积极利用其贸易政策来支持温室气体的削减。欧盟普惠制就对签署并执行国际环境协定的发展中国家给予特别的进口关税削减待遇。作为多哈回合谈判的组成部分,欧盟积极推动环境产品和服务的贸易开放,例如可再生能源产品、废水管理和能效建筑服务等,以此来促进这些新技术在全球的推广。此外,欧盟还在与其他国家和地区签署贸易协定时仔细审查其潜在的环境影响,进行可持续性影响评估(Sustainability Impact Assessments, SIAs),为政策制定者和贸易谈判者提供相关信息,以便这些能反映到其最终协定中。

欧盟自认为在应对气候变化方面走在世界前列,并积极推动气候变化相关谈判。欧盟认为如果设计得当,贸易政策将通过鼓励创新和低碳生产方面的国际投资,有助于相关国家向低碳经济转型,因此不断寻求在贸易政策中强化其气候变化目标,确保绿色产品、服务和技术在全球的扩散。

欧盟主张建立一个环境产品、服务和技术的全球开放市场，允许绿色技术和投资在全球自由流动，这将使相关国家可以更容易地获得与气候相关的技术和技能，使得向低碳经济转型更便宜。欧盟曾建议在WTO多哈回合贸易谈判中确立环境产品和服务协定，作为多哈回合的组成部分。欧盟此举的目标是使世界银行识别的43项气候友好产品能实现贸易自由化，这些产品包括太阳能控制板和风能涡轮机等。对于感兴趣的国家，协议也可以包括对诸如废弃物和废水管理、建筑和建设等环境服务开放市场。欧盟还主张进一步放开一个与可持续能源使用、污染管理和环境保护有关的更大的产品和服务清单，目前仍在谈判中。①

欧盟应对气候变化发展低碳经济既是自身发展的需要，也是欧盟创造新的竞争优势的需要。欧盟在发展低碳经济的过程中，非常重视政策法规的引导、消费者等利益相关方的参与，为低碳经济的发展营造了一个良好的环境；欧盟还通过参与国际谈判进一步把这种环境扩展到全球，引导全球形成新的规则。在低碳技术领域，注重可再生能源的开发利用、能源效率的提升、注重产品整个生命周期之内的生态设计和节能减排。此外，欧盟还投入大量的资金支持和引导低碳研发，通过税收、补贴等方式来支持低碳产业的发展，通过市场机制来引导资源向低碳领域扩张。可以看出，欧盟的这一系列做法都对竞争优势产生影响，既包括生产要素条件的影响（如电力、可再生能源、科研投入等），也包括需求条件（如对消费者的教育、社会公众的参与等），引导社会形成有利于低碳竞争和低碳发展的环境，通过市场机制鼓励企业改变战略和竞争方式（如通过碳排放交易体系和能源税等），促进支撑产业和相关产业的发展。另外，欧盟还积极影响国际规则的制定，利用可能的机会将其已有做法推广到全球，实际上也是为其国内已具有的优势去创造全球的需求。

---

① 该部分内容根据欧委会网站资料整理而来，http：//ec.europa.eu/trade/wider-agenda/environment/climate-change/.

## 二、美国低碳经济相关政策

美国对待气候变化的态度与欧盟差别很大,低碳经济发展模式也与欧盟有很大不同。一方面是由于美国是温室气体排放大户,人均碳排放位居全球第一,且美国传统的消费习惯也是高能耗的,减少温室气体排放压力非常大;另一方面,美国也担心温室气体减排会影响经济发展和就业问题,因此早在2001年就宣布退出《京都议定书》,理由是中国、印度等发展中国家没有参与强制减排,且履行《京都议定书》规定的义务将会对美国国内经济发展和就业产生影响,并且会造成消费品的价格上涨。美国在全球气候变化谈判中态度相对消极。

美国应对气候变化更多是从新能源的角度来考虑,通过发展可再生能源来应对传统化石能源高碳排放的问题。早在2000年,美国就制定法律发展生物质能源,并在随后几年陆续出台政策措施来促进生物质能的发展。美国鼓励在应对气候变化方面的自愿性伙伴关系,通过伙伴关系的建立使得政府、企业、消费者等利益相关方参与到应对气候变化的进程中,而政府主要是起引导和支持作用。奥巴马上台后,美国开始积极参与气候变化谈判,虽然还是不愿意承担过多减排责任,但开始了国内应对气候变化的立法努力,虽然仍未达成任何有约束力的法律,但在低碳创新和低碳发展方面迈出了很大一步。

### (一) 美国低碳经济相关战略、政策和法规

美国官方并没有制定明确的低碳经济发展战略或者与应对气候变化相关的官方战略或政策,但是在其相关法律中明确提出要发展生物质能等可再生能源,提高能源使用效率、减少温室气体排放,向清洁能源转型。此

外，环保署作为主管部门制定了一些伙伴关系项目来促进温室气体减排活动。美国与发展低碳经济相关的战略、政策和法规更多地还是体现在能源领域。

1. 生物质能等可再生能源相关法案

2000年美国通过了《生物质研究法》，据此设立了生物质研究开发计划和生物质研究开发部及生物质研究开发技术顾问委员会。2002年美国前总统布什签署了《美国农业法令》（2002 Farm Bill），鼓励联邦政府通过采购、直接投入资金和对可再生能源项目给予贷款等方式支持生物质能企业的发展。2003年，美国出台的《能源部能源战略计划》把提高能源效率上升到能源安全战略的高度。2005年美国出台的《国家能源政策法案》制定了可再生燃料标准，明确指出必须在汽油中加入特定数目可再生燃料且每年将递增。2004年《美国创造就业法案》对生物柴油给予税收鼓励并对燃料酒精扩大了课税扣除的范围。2006年2月9日，美国前总统布什在国情咨文中首次提出"先进能源计划"（Advanced Energy Initiative），其重点是加大对清洁能源技术的投资力度，以摆脱对国外能源的依赖，保障国家能源安全。该计划中很重要的一部分就是要通过发展生物燃料和燃料电池来解决交通运输对石油的依赖。

2. 《美国复苏与再投资法案》

2009年2月，美国出台了《美国复苏与再投资法案》（American Recovery and Reinvestment Act of 2009），计划投资7870亿美元来刺激经济和长期投资，创造就业。《美国复苏与再投资法案》将能源问题作为重要内容之一，计划投资215亿美元用于能源基础设施建设，投资275亿美元用于提高能源效率和发展新能源，包括汽车节能、发展高效电池、智能电网、碳储存和碳捕获、可再生能源（如风能和太阳能）等。该法案的能源条款明确了对个人和企业进行税收激励；鼓励使用清洁、可再生能源和更具有能源效率的可以减少温室气体排放的技术。税收激励包括：对于在现有住宅中改进能源使用效率的房主增加能源税收信用;对购买太阳能热水器、地热设备和风能涡轮机、电动汽车等使用替代能源的设备的个人或企业给予信贷支持。

### 3. 美国清洁能源安全法案(未通过)

2009年6月26日,美国众议院以微弱多数通过了《美国清洁能源安全法案》(American Clean Energy and Security Act),是美国首个明确提出强制减排的法案,也是首次在众议院通过的应对气候变化的法案。该法案包括总量控制和交易制度,通过削减计划来减少温室气体排放,到2020年温室气体排放比2005年减少17%;到2050年,温室气体排放比2005年减少83%。该法案还包括可再生能源的利用、提高建筑和家庭的能源效率,减少温室气体排放,研究和激励有关碳捕捉及相关的技术,实现绿色就业,向清洁能源经济转型等重要问题。具体来说,该法案包括对可再生能源和节能发电标准、碳捕捉和封存等方面的具体规定;鼓励清洁交通的发展,设置相关标准与激励措施,减少对石油的依赖;设立专门的清洁能源发展管理部门;制定国家建筑能效规范;对照明和家用电器节能标准进一步强化。此外,该法案还设立了国际碳储备排放许可制度(International Reserve Allowance),规定从2020年1月1日起要求进入美国市场的相关产品购买该制度下的"排放许可",以抵消美国企业生产相同产品所承担的碳成本。

该法案先是由参议院暂时搁置讨论,2010年由于未能获得足够的支持,《美国清洁能源安全法案》在参议院因为投票数达不到要求未能进行投票而宣告失败。

### 4. 美国清洁能源领导法案2009(未通过)

2009年7月16日,美国参议院能源与自然资源委员会通过了《美国清洁能源领导法案2009》(American Clean Energy Leadership Act of 2009)。但该法案也仅仅到此止步,并未获得参议院投票表决的机会。该法案提出要加速新的清洁能源技术的开发,创造新的就业,通过清洁能源项目融资帮助企业成长,设立新的电力标准和稳定安全的国家电力高速传输网络;提高建筑物、主要设备和电器的能源效率,减少消费者和企业的能源账单支出;提高美国能源的独立性和能源安全;通过加倍国内能源研究和技术的投资,加强美国在能源创新领域的世界领导力;通过更加透明和公平的能源市场、反对市场操纵来保护消费者;用更加有力、更加一体化的计划来应对未来能源和气候挑战。①

**5. 美国参议院清洁能源就业和美国电力法案（未通过）**

2009 年 9 月 30 日,参议院提出自己的气候法案——清洁能源就业和美国电力法案（Clean Energy Jobs and American Power Act）,立法目标是到 2020 年比 2005 年温室气体排放减少 20%,到 2050 年减少 80%。总统奥巴马对参议院的提案表示欢迎,希望能通过一项法案可以创造新的就业,同时能激励清洁能源,促进创新。该法案从减少温室气体排放和适应气候变化等不同方面提出了相关的做法,包括温室气体减排计划（具体又包含排放标准、通过交通效率减排等清洁交通方面的内容、碳捕捉和封存、核能和先进技术、水效率、能源效率和可再生能源、削减来自公共交通领域的碳排放、清洁能源和天然气以及其他包括消费者、产品碳信息披露、废物管理等内容）、能源和水方面的研究和教育、转型和适应气候变化（包括绿色就业和工人转型）、温室气体报告制度、碳排放配额管理、其他温室气体标准、碳市场保险、培训等很多内容。由于担心该法案所设置的总量控制和交易会影响经济发展,该法案也没有获得通过。

当前有很多议员热衷于对气候变化进行立法,但是却并没有获得通过。美国目前在应对气候变化、发展低碳经济方面的立法仍然存在很大的困难,重要的原因在于共和党认为这将影响美国的就业和经济发展。

从美国国会的立法及提案可以看出,美国虽然没有明确的低碳经济发

---

① The American Clean Energy Leadership Act of 2009, http://energy.senate.gov/public/index.cfm/files/serve?File_id=f03c40fc-0ff7-471c-a801-d9cb23fd12e8.

展战略或者应对气候变化的战略或法规,所有涉及强制减排的立法都没有获得通过,但是其立法内容已经涉及能源效率和新能源发展等低碳经济的重要领域。

6. 美国环保署的气候变化政策和做法

作为环境的主管部门,美国环保署在鼓励国内二氧化碳减排方面发挥了积极的作用。美国环保署通过发起一些自愿性的伙伴关系和计划来鼓励工业部门、大型企业、工业和商业建筑、消费者等参与自愿性减排活动,主要包括以下方面:

(1) 清洁能源环境州合作伙伴计划(Clean Energy-Environment State Partnership Program):这是一个自愿性的州—联邦伙伴关系,鼓励各州发展和实施具有成本效益的清洁能源和环境战略。这些战略在帮助实现环境和清洁能源目标的同时实现公共健康和经济利益。在该计划下,各州可以通过其相关机构来制定和实施综合的战略,使用现有的和新的能源政策和计划来促进能源效率、清洁发电、可再生能源和其他清洁能源,来实现空气质量改善和其他好处。

(2) 气候领袖(Climate Leaders):气候领袖是环保部产业—政府伙伴关系,与企业一起制定综合气候变化战略。合作的企业承诺通过设置积极的温室气体减排目标来减少其对地球环境的影响。通过参与计划,企业可以创立一个关于取得成就的信用记录并被环保部承认为企业环境领袖。气候领袖伙伴关系包括财富100强企业,也包括小企业,代表各行各业,从制造商到金融机构再到零售商,涉及所有50个州。

(3) 热电联合伙伴关系(Combined Heat and Power Partnership):热电联合伙伴关系是一个通过使用热电联合来减少电力企业环境影响的自愿性项目。热电联合是有效、清洁和可靠的使用单一燃料源来发电和获得热能的方法。这个伙伴关系与能源使用者、热电联合产业、州和当地政府及其他利益相关方紧密合作,来支持新项目的发展,并促进能源、环境和经济效益。

(4) 能源之星（Energy Star）：1992年，环保署引入能源之星作为自愿性标签计划来识别和促进能效产品减少温室气体排放。能源之星自1996年成为环保署和能源部联合项目。现在，有超过1400家企业在40多种产品种类上使用能源之星。环保部也提供能源之星伙伴关系给商业和各种类型的组织，包括学校、医院、宾馆、小企业等，还有主要的产业如汽车制造、石油精炼和医药业。能源之星传播组织和消费者选择具有能源效率的解决方案和最佳管理实践所需的技术信息和工具。能源之星成功地将能源节约和成本节约在全国传递。2004年，节约企业、组织和消费者约100亿美元。能源之星也有国际的合作伙伴，目标是在全球主要市场统一自愿性能效标签计划，使参与项目更容易。

(5) 环保署交通和空气质量自愿项目办公室（EPA Office of Transportation and Air Quality Voluntary Programs）：交通和空气质量自愿项目目标是通过与小企业和大企业、市民团体、产业界、制造商、工会和州及地方政府形成伙伴关系，来减少污染、提高空气质量。具体的伙伴关系包括交通运输合作伙伴、绿色车辆指南、自愿性柴油车改造项目、美国清洁校车等。

(6) 绿色电力伙伴关系（Green Power Partnership）：绿色电力伙伴关系是环保署与购买绿色电力组织之间的自愿性伙伴关系。绿色电力是一种从可再生能源发电得来的环境友好的电力产品。通过这个项目，环保署鼓励企业购买绿色电力。

此外，环保部还开展了一些自愿性项目来减少具有高温室效应的气体的排放，例如一些合成气体像PFCs、HFCs和SF6等是为商业用途制造或者工业运营产生的废气（其中有些是替代臭氧层破坏物质使用的，然而，有些此类气体的少量长期释放将带来严重的温室效应）；鼓励废弃物的削减，这主要致力于减少废弃物处理成本，提供免费的技术支持来帮助企业制定、实施和测量其废弃物削减活动。

7. 碳捕捉和封存机构间工作组

2012年2月，美国总统奥巴马宣布一个总统纪要，建立一个关于碳捕捉和封存的机构间工作组（Carbon Capture and Storage Interagency Task Force），以制定综合协调的联邦战略来加速发展和部署低碳技术。工作组将出台一个建议的计划，即在10年内克服碳捕捉和封存所面临的扩散、成本效益方面的障碍，并在2016年有5~10个商业示范项目。工作组联合主席包括美国能源部和环保署的高级官员。其他联邦机构包括美国农业部、商务部、内务部、劳工部、国务部、交通部、财政部以及联邦能源监管委员会。

8. 其他气候变化相关的政策和做法

美国应对气候变化注重降低二氧化碳排放强度，鼓励多利益相关方参与，特别是产业界与政府部门合作来开展一些活动。2003年2月，一些主要产业部门和商业圆桌成员承诺与美国政府机构（能源部、环保署、交通部和农业部）建立气候愿景伙伴关系（Climate VISION Partnership），共同在下一个十年减少温室气体排放。参加的产业部门包括油气生产、交通和精炼、发电、煤炭和矿业生产及采矿、制造业（汽车、水泥、钢铁、镁、铝、化学和半导体）、铁路和森林产品。

通过鼓励广泛适用农业土地管理实践来固碳和减少碳排放。通过森林和农业保护计划，如环境质量激励项目和保护计划，美国农业部鼓励增加生物质能源的使用、可持续森林管理。

此外，美国还通过减少温室气体排放的税收激励（Tax Incentives to Reduce Greenhouse Gas Emissions）、自愿温室气体报告计划（Voluntary Greenhouse Gas Reporting Program）等来推动自愿减排。

从美国低碳战略、政策和法规看，提高能源效率和新能源开发是美国低碳经济发展的核心和重点。美国政府在低碳经济发展过程中主要起到引导和资金支持的作用，由于美国退出《京都议定书》，没有承担有约束力的强制减排责任，因此国内没有减排的压力，也不愿意通过强制减排的法律，这在一定程度上影响了美国的低碳经济发展。但是美国在全球低碳竞争的压力下也越来越注重新能源的开发和能源效率的提高，生物质能是美国新能源的重点，这与其发达的农业密切相关；碳捕获和封存是美国参与全球竞争的重要领域；美国试图以其在技术创新领域所具有的优势，通过技术研发和推广，重新获得在新能源领域的领导地位，通过输出其技术来获得更多利益。

## （二）美国的碳税和碳关税问题

美国没有国家层面的碳税。尽管碳税在美国提出得也比较早，曾经得到美国前副总统戈尔、美国联邦储备委员会前主席沃尔克、气候学家及一些企业和企业家的支持，但是从全国的情况看，美国国内普遍反对碳税的征收，只有少数州引入了碳税（2006年的科罗拉多州、2008年的加利福尼亚州、2010年的马里兰州）。

2009年美国众议院通过《美国清洁能源安全法案》后，对于美国可能通过其国际碳储备排放许可制度来实施碳关税的问题曾经引起国内学术界的广泛关注，尽管该法案并未通过，但是美国这一与碳关税相关的思路值得引起我们的关注。美国的"碳关税"并非以"碳关税"的名义出现，而是通过美国在产业层面降低国际碳排放的方法来实现。《清洁能源安全法案》提出，如果到2018年1月1日之前国际社会不能达成能满足美国要求的国际协议，则美国总统可以提出设立国际碳储备排放许可制度（International Reserve Allowance）。其依据是美国某一产业85%以上的进口产品是否由满足以下条件的国家生产或制造：①该国是美国参与的国际协议的成员方，并作出了在国家层面至少与美国一样严格的减排承诺；②该国参加了美国也参加的、针对该部门的多边或双边减排协议；③该国行业部门的年度能源或温室气体排放强度与美国一样或比美国还低。如果超过85%的产品是来自这样的国家，则总统不能启动排放许可制度。如果美国85%或更少的产品是来自满足上述一个条件的国家，总统就要评估碳泄漏问题、修改减免额度，并对进口产品实施国际储备排放许可制度，从2020年1月1日起要求进入美国市场的相关产品购买该制度下的排放许可,以抵消美国企业生产同样产品所承担的碳成本,目的是防止碳泄漏。该法案对一些来自符合以下标准的国家的产品实施豁免:①联合国定义的最不发达国家;②温室气体排放不到全球排放的0.5%,并且进口量占该行业进口的5%以下。①

可以看出,美国实施"碳关税"的条件具有明显的针对性,主要针对中国、印度等排放量较大、对美出口较多,而减排责任与美国不同的发展中国家。这也与美国一贯要就发展中国家承担减排责任的立场相一致。《美国清洁能源安全法案》是基于总量控制和排放交易体系构建的,在这一体系下,美国采取的边境调节措施与欧盟航空碳税的做法有类似之处,都是通过排放交易体系将国内做法扩大到国外,来保护其竞争力免受影响。而美国还给出了一个冠冕堂皇的理由是避免碳泄漏,从产业层面来推动全球减排。

美国的这种"碳关税"思路同样也存在很多问题:一方面是与WTO规则和国际环境规则相符的问题;另一方面也存在执行上的困难,特别是如何计算"碳关税"具体数额方面。

## (三) 美国与国际贸易和投资有关的低碳政策总结

美国国内低碳经济发展起步较晚,且美国官方对于应对气候变化具有很强的排斥情绪,因此,政府层面应对气候变化、发展低碳经济力度较弱,没有强有力的法律法规来保障其落实。但美国政府非常重视新能源的开发利用和低碳技术创新,对于碳捕捉和碳封存也有很明显的兴趣,关于能源效率的提升更多是通过环保法律和标准等来落实。由于美国具有较强的创新能力和基础,在低碳技术发展方面仍然具有一定的优势,美国政府投入大量的经费支持新能源和低碳技术的研发,并预期未来可以出口更多的低碳技术。美国在发展低碳经济或者新能源经济的过程中,重视利益相

---

① Text of H. R. 2454 [111th]: American Clean Energy and Security Act of 2009, http://www.govtrack.us/congress/billtext.xpd? bill=h111-2454.

关方的参与，如环保部的很多政策和做法是通过与社会各界建立伙伴关系来实现的，在这个伙伴关系的过程中，也增强了利益相关方对于低碳的认知。此外，美国依据其在金融方面所具有的优势，重视碳金融的发展，如碳排放交易、碳市场保险等。

从国家竞争优势的角度来看，美国更多的是依赖市场力量自身来提升竞争力。美国政府做的较多的是影响生产要素条件，包括新能源、生物质能等的开发利用、科研的投入等。由于美国官方担心温室气体减排对经济和就业有消极影响，也担心会增加居民的生活成本，加上美国传统的高能源消耗的生活方式，因此，美国低碳经济发展的整体环境并不是很好。但参与全球竞争的美国企业更多地感受到来自全球的低碳竞争和压力，也纷纷制定低碳战略，参与低碳竞争，这对美国来说还是有利的。从国际规则上看，美国致力于达成的国际规则是把发展中国家纳入减排体系，这不符合发展中国家的利益，也很难得到发展中国家的赞同，因此达成的可能性较小。在区域规则层面，尽管美国已经在跨太平洋伙伴关系协议（TPP）中提出环境和新能源的问题，但根据美国对待气候变化的态度，其不太会影响经济利益来达成对其有约束力的协议，因此对于国际规则的影响不会太大。

## 三、日本低碳经济相关政策

日本也是低碳经济发展的先锋。20世纪70年代的石油危机使得日本特别重视能源的多样化发展和能源效率的提高，为此，日本制订了多个计划来发展太阳能、地热能、风能、海洋能源、核能等技术，并把不断提高能源使用效率、节约能源作为一项长期任务来对待。1997年《京都议定书》在日本签署，也进一步促使日本朝着低碳化方向发展，不仅要节约能源，减少化石燃料的使用，还要考虑二氧化碳排放问题，为此，日本投入巨资开发利用太阳能等清洁可再生能源,致力于低碳经济的发展。与欧盟相似的是,日本低碳经济主要也是在政府的推动下发展起来的,从能源战略、强制性的节能法规和标准,到全面推广低碳生活、建设低碳社会,政府在其中起到了关键作用。

## (一) 日本低碳经济相关战略、政策和法规

石油危机之后,日本非常重视能源安全,致力于发展新能源,减少对进口石油的依赖,陆续制定了多个能源发展计划和战略,并制定了相应的法律法规来促进低碳经济发展。进入 21 世纪以来,日本又陆续出台了低碳经济发展战略和蓝图,逐步向低碳社会迈进。

### 1. 日本能源战略与计划

日本的能源战略始于 1973 年石油危机之后,由于日本能源资源短缺,为了确保能源安全,1974 年日本制订并实施了"新能源开发计划",也就是"阳光计划"。该计划的核心内容是太阳能开发利用,也包括地热能开发、煤炭液化和气化技术、风力发电和大型风电机研制、海洋能开发和海外清洁能源输送技术。1978 年,日本又启动了"节能技术开发计划",即"月光计划"。十余年后,1989 年,日本又出台了"环境保护技术开发计划",开展地球环境技术研究,研究的重点领域包括使用人工光合作用固定二氧化碳、二氧化碳的分离和化学物质的生物分解等技术。[①]

1993 年,日本把上述三个计划有机融为一体,出台"能源与环境领域综合技术开发推进计划",又被称为"新阳光计划",该计划主要是在政府领导下,采取政府、企业和大学"官产学"联合的方式,共同攻关,克服在能源开发方面遇到的各种难题,以实现经济增长与能源供应和环境保护之间的平衡。"新阳光计划"的主要研究领域包括以下七个方面:可

---

① 中国低碳年鉴编委会编. 中国低碳年鉴 (2010) [M]. 北京:中国财政经济出版社,2010:916.

再生能源技术（包括太阳能、风能、波力发电、温差发电、生物质能和地热利用技术等，其中最受重视的是太阳能）、化石燃料应用技术（包括燃料电池发电技术、煤炭液化和气化技术）、能源输送与储存技术（包括研制超导发电机和高性能锂再生电池）、系统化技术（包括利用氢的国际清洁能源技术和网络系统技术）、基础性节能技术（包括催化剂、燃烧和燃烧控制技术）、高效与革新性能源技术（包括新的天然气储存技术、可燃垃圾的资源化利用技术、超低耗变压器使用材料开发技术、节能型金属粉末回收利用技术、新的电子元件制造工艺及电路设计技术）、环境技术。① 为了保障该计划顺利实施，日本政府每年为该计划拨款570多亿日元，其中362亿日元用于新能源技术开发。②

## 2. 日本能源政策基本法和日本战略能源计划

2002年6月14日，日本经产省发布《能源政策基本法》（Basic Act on Energy Policy），该法设立了能源政策的三项原则：能源安全、适用环境和利用市场机制。具体说来，要通过能源多样化和提高能源效率等方式来稳定能源供给，保障能源安全；采取措施使能源供给和需求既要防止全球变暖，保护当地环境，同时通过提高能源消费效率、节约能源、促进太阳能等非化石能源的使用、有效使用化石能源等方法实现循环社会，适应环境；进行与能源供给和需求相关的经济结构改革，如能源市场自由化等，利用市场机制实现有效供给，使企业和能源消费者可以更好地发挥各自的作用。该法还特别指出了不同利益相关方的作用，包括中央政府、地方政府、企业和个人。该法指导政府根据这些原则起草基本能源计划，规划能源需求相关的长期和综合政策。③

根据《能源政策基本法》，2003年10月，日本出台《基本能源计划》

---

① "新阳光计划"，上海情报服务平台之日本节能社会专题，2007年5月9日，http://www.istis.sh.cn/zt/list/pub/jnhb/JST/zhengzhi/1178678578d73.html.
② 中国低碳年鉴编委会编. 中国低碳年鉴（2010）[M]. 北京：中国财政经济出版社，2010：916.
③ Basic Energy Plan, 2002年6月14日，2009年4月1日英文翻译，http://www.japaneselawtranslation.go.jp/law/detail/?ft=2&re=02&dn=1&yo=energy&ky=&page=2.

(Basic Energy Plan),依据上述三项原则设定了国家能源政策方向。2007年3月,《基本能源计划》进行了第一次修改。

2008年5月,日本经产省出台2010~2030年能源需求和供给前景战略计划,统一制定了日本能源供给和需求结构,及中长期技术发展战略,分析了到2030年实现日本理想的供给和需求结构所需要的技术和措施。根据长期前景,新的能源战略目标是到2030年,能源效率提高至少30%或更多,交通部门对石油依赖占80%,核能发电在总发电量中达到30%~40%或更多,石油依赖少于40%。具体措施包括:通过提高能源效率来最大化其技术潜力,并尽可能推广新技术和设备;通过引进新一代的汽车、燃料多样化、提高燃料效率、控制交通流等方式来减少对石油的依赖;提高核能发电的利用率,到2030年核能发电在发电总量中的比重将增加到30%~40%或更多;促进新的更有效的能源资源、高效发电设施,在供给稳定的情况下联合电力资源运营来减少二氧化碳排放,使新能源成为自身可持续能源产业。

在此基础上,经产省再次对《基本能源计划》进行修订,2010年6月18日,计划修订稿获得内阁通过,并改名为《日本战略性能源计划》(Strategic Energy Plan of Japan)。

新计划除了遵循上述国家能源政策的三项原则之外,还特别关注两个方面:一是基于能源的经济增长,二是能源产业结构改革。新计划设定了日本2030年的能源目标:①实现在能源供给中能源自给率和自主开发的化石燃料供给比例翻一番,将能源自主率从当前的38%提高到约70%;②零排放动力能源比例从当前的34%提高到约70%;③居民部门二氧化碳排放减半;④维持和加强工业部门的能源效率,使其处于世界最高水平;⑤在能源相关产品和系统方面在世界市场维持或获得最高级别的份额。

为了实现上述目标,新计划提出了以下具体措施:全面保障能源安全,提高供给的稳定性;建立独立、环境友好的能源供给结构;建立低碳的能源需求结构;建立新一代能源和社会体系;开发和推广创新的能源技术;扩大能源国际合作;寻求能源产业的结构改革;促进公众和人类资源开发之间的相互理解；地方政府、企业、非营利组织和公民发挥不同的作用。①

### 3. 日本低碳社会建设

2007年12月，日本环境省发布了《构架低碳社会》第一版并向社会征求意见，其中列出了构建低碳社会的原则、内容和实现低碳社会的战略等。低碳社会的三项原则分别是所有产业部门碳排放最小化、实现高质量生活的简单生活方式及与自然相和谐。低碳社会包括交通、工作和生活、产业、消费者选择、森林和农业、城乡问题等。当前向低碳转型存在技术、经济、社会和信息方面的障碍，需要能源技术、社会体系和生活方式等方面的创新。②

2008年7月29日，日本政府内阁会议通过了《建设低碳社会行动计划》，明确了日本实现低碳社会的目标以及为此所需要做出的努力。该行动计划的主要内容包括：到2020年将太阳能发电量提高到目前的10倍，2030年提高到40倍，利用3~5年时间将发电价格降至现在的一半；在2020年前实现碳捕捉和封存技术；力争在2020~2030年将燃料电池系统的价格降至目前的1/10；探讨能减少可再生能源成本的理想方式；到2020年前，大幅提高电动汽车等新一代节能环保汽车的普及程度，并在日本建立半小时即可完成汽车充电的快速充电设施；在企业间试行温室气体排放权交易制度，还将研究可再生能源的收费标准体系。③

### 4.《全球变暖对策基本法》

2010年3月12日，日本内阁通过了应对《全球变暖对策基本法》(Basic

---

① 战略性能源计划的内容参考日本经产省网站关于该计划的介绍，http://www.meti.go.jp/english/press/data/20100618_08.html.
② Building a Low Carbon Society (first draft), Dec. 2007, http://www.env.go.jp/earth/info/pc071211/en.pdf.
③ 刘浩远. 日本内阁通过"低碳社会行动计划"[EB/OL]. 新华网, http://news.xinhuanet.com/newscenter/2008-07/29/content_8844174.htm, 2008-07-29.

# 第三章 各国低碳经济政策及其中隐含的贸易影响

Act on Global Warming Countermeasures），并提交国会讨论。该法案的目的在于应对全球变暖，同时促进经济增长、稳定就业和能源供给。法案确立了全球变暖对策的原则：在减少温室气体排放的同时，通过新的生活方式和其他手段来实现经济增长，以确保人民生活富裕、产业有竞争力；通过国际合作、提供知识、技术和经验来积极参与全球应对活动；发展致力于减缓和适应气候变化的产业，扩大就业创造机会，确保就业稳定；确保稳定的能源供给，与能源相关措施相协调；理解气候变化对策对经济活动和人们日常生活的影响。

法案提出日本削减温室气体的中长期目标是：到2020年比1990年减少25%，前提是所有主要经济体参与的、公平和有效的国际框架能够达成，并对减排目标达成协议；到2050年比1990年削减80%，努力与所有经济体一起实现到2050年全球温室气体排放削减50%的目标。在新能源方面的目标是：到2020年提高新能源在所有基本能源供给中的比例达到10%。为了实现上述目标，将采取的基本措施包括：①建立排放交易体系；②采取应对全球变暖的税收措施；③通过为所有新能源引入上网电价来促进新能源的使用；④改变生活方式（促进机电和建筑的能效、促进企业和个人的自愿性活动、发展教育学习活动、向公众披露企业和公共部门以及产品和服务的碳排放信息等）；⑤促进当地发展；⑥产业（促进创新技术的开发和推广、促进机电和建筑的能效、向排放温室气体更少的能源转移并促进化石能源的有效利用、创建新的减缓和适应气候变化相关的企业）；⑦促进核能的利用同时确保安全，并得到日本人民的理解和信任；⑧评估全球变暖及其影响，采取适应气候变化的措施；⑨国际合作（国际伙伴关系、国际融资框架、技术和产品）。①

---

① Overview of the Bill of the Basic Act on Global Warming Countermeasures，http：//www.env.go.jp/en/earth/cc/bagwc/overview_ bill.pdf.

## (二) 日本低碳经济相关的技术性贸易壁垒

日本与低碳经济发展相关技术法规、标准与合格评定程序主要体现在节约能源使用、提高能源利用效率和碳标签等方面。比如，20世纪90年代，日本就出台了相关法律法规来促进资源的循环利用，减少废弃物的产生，包括促进资源有效利用的法律、促进容器和包装循环利用的法律、减少汽车尾气排放、控制危险废物、促进能源利用率、鼓励购买环境产品、促进替代能源的开发、促进新能源的使用等相关方面。

进入21世纪以来，日本出台的国内低碳战略和计划中也都涉及能源使用效率法规和标准，对于促进日本低碳经济发展发挥了重要作用。

2009年9月4日，日本经产省发起了碳足迹示范项目，产品种类规则（Product Category Rules-PCRs）委员会负责起草证实碳足迹的计算和标签方法，并针对日本产大米、菜籽油、洗衣店用粉状洗涤剂开展碳足迹试点。

## (三) 日本与国际贸易和投资有关的低碳政策总结

日本对于自己在低碳领域的领先地位非常自信，并在其国内低碳相关战略和计划中表明其将在低碳领域占据全球领先的市场份额。从国家竞争优势的角度看，日本国内对新能源的开发利用和技术创新具有很好的基础和一定的优势，日本也投入大量的经费用于新能源和提高能效等方面的研究、技术开发和培训等，对于生产要素条件具有积极的影响。日本近年来开展的低碳社会建设，将低碳经济发展从经济和企业扩展到包括消费者在内的更广阔的范围，涉及人们工作和生活的方方面面，包括对消费者的教育，在工作和生活中引入节能减排理念等，使得低碳理念更加深入人心，并通过碳足迹认证等方式引导人们对低碳产品、技术和服务的需求，创造了较好的需求条件，也为企业低碳发展，创造低碳竞争优势营造了良好的环境。在这样的环境下，钻石体系自身的各个核心要素可以较好地发挥作用，形成竞争优势。日本政府积极支持企业的低碳发展，鼓励企业使用可再生能源发电，鼓励消费者使用太阳能等可再生能源，并且提供大量补贴，这些支持对于形成国内市场具有帮助，但是由于企业过多地依赖政府的扶持，使得一些产业在政府退出支持之后发展后劲不足，这也反映出政府在国家竞争优势中的作用。

此外，日本还积极关注低碳领域的国际合作，并致力于将其低碳技术和经验传递到其他国家，特别是发展中国家，希望其低碳技术方面的竞争优势可以为日本带来更多的贸易利益。与欧盟和美国相比，日本在推动国际低碳规则制定方面不是很积极，更多的是关注自己的发展。在气候变化谈判方面，日本也不再像以前那么积极，在南非德班会议后宣布从2013年开始不再承担《京都议定书》下的减排责任，从日本的国内立法和外务省的表态也可以看出，日本受美国对气候谈判的影响，希望将主要温室气体排放国家纳入到国际减排协议之中，而不考虑发展中国家的特殊和差别待遇问题，这也使未来气候变化领域的规则形成变得更加困难。

综合说来，日本低碳经济发展主要针对国内的能源安全和经济发展，并未过多考虑与贸易和投资的问题。日本自身的低碳政策和做法对于形成其低碳领域的国家竞争优势发挥了较大的作用，而这种作用更多的是通过营造低碳经济和低碳社会发展的理念，形成一个低碳竞争的环境，从而使得钻石体系可以更好地发挥作用而实现。

# 第四章 低碳经济与国际贸易规则

如前所述，当前低碳经济时代的竞争，除了低碳产品、技术和服务层面的竞争外，更多的是规则的竞争，规则的变化将对全球经济贸易产生深刻影响。我国作为二氧化碳排放大国，面对国际游戏规则，对外贸易和投资将首当其冲地受到国内外低碳规则的影响。了解低碳经济发展对国际贸易规则的影响对于我国积极参与新的国际规则的制定，并争取对我国有利的规则具有积极意义，同时也有利于我国及早了解国际规则的变化以在未来更好地适用新的规则，实现对外贸易顺利发展。

## 一、低碳经济发展对 WTO 多哈回合谈判的影响

多哈回合自 2001 年启动以来至今已有十余年，这十余年的谈判过程见证了《京都议定书》生效后的气候变化谈判进程和全球低碳经济快速发展进程；同时全球气候大会上谈判各方的观点、争论的焦点及低碳经济的快速发展，也影响着 WTO 对待气候变化和低碳经济的态度，影响着多哈回合谈判的进程。

## (一) WTO 对于气候变化和低碳经济的看法

2009年6月26日，WTO 与 UNEP 共同发表的《贸易和气候变化》报告中分析了贸易与气候变化的关系，指出自由贸易将以各种方式影响温室气体减排活动并产生积极影响，反过来气候变化会影响到国际贸易流转的数量和模式，可能改变某些具有相对优势国家的贸易地位，并导致国际贸易格局的变化。从客观条件看，气候变化增加了国际贸易所依赖的供应、运输和销售链条的脆弱性，而这些易受损害的脆弱性又反过来增加了国际贸易的成本。对于当前各国在应对气候变化、发展低碳经济过程中所制定的政策法规等问题，报告认为各国减少温室气体排放和提高能源效率的国家政策，已经从传统的管理手段转为经济激励和财政措施的综合应用，各国错综复杂的国内政策措施有可能对国际贸易和多边贸易体系产生影响。

WTO 在其官方网站中明确表示：气候变化是当前国际社会不得不应对的可持续发展领域最大的挑战；应对气候变化的措施应当完全与国际社会关于经济增长和人类发展的期望相协调；气候变化问题超越国界，不仅需要国家层面也需要国际层面的解决方案。WTO 的工作目标除了促进全球自由贸易之外，还包括提高全球生活标准、实现世界资源的最优使用以实现可持续发展、保护自然环境等。

WTO 认为，虽然目前气候变化问题还不是 WTO 工作计划的组成部分，也没有专门针对气候变化的 WTO 规则，但各国气候变化政策和做法以各种方式与国际贸易相互关联，因此，WTO 与气候变化问题也是相关的。贸易开放促进了世界资源的有效配置，可以帮助减缓和适应气候变化、提高生活水平并改善环境产品和服务的可获得性。各国采取的减缓和适应气候变化的措施可能改变竞争条件从而影响国际贸易，也可能涉及WTO 规则符合性问题，需要 WTO 规则予以检验。除了规章措施外，国家、区域和国际层面的一些应对气候变化的倡议被政府采纳后可能也涉及一些价格相关的措施（如税收和关税）和一些市场机制相关的措施（如补贴等)。由于这些做法与贸易相关,因此会涉及 WTO 规则和程序。WTO 认为各国在设计气候变化规划、寻求国际合作时,应当考虑这些措施的潜在贸易影响及相关的成员国在 WTO 规则下的权利与义务。同时,WTO 规则也可以帮助确保这些措施是可预期的、透明的和公平实施的。比如 WTO 与环境问题相关的规则,包括 GATT 第 20 条、生产加工方法(PPM)问题以及对相似产品的定义等,都可以用来检验气候变化措施是否符合 WTO 规则。

WTO 列出了与减缓和适应气候变化措施相关的一些规则,包括:关税问题和边境措施,严禁成员方征收高于 WTO 规定的关税水平;禁止边境配额;非歧视原则,包括最惠国待遇原则和国民待遇原则;补贴规则;技术性贸易壁垒规则(不得比达到法定目标所必须采取的措施更加严格,技术法规和标准必须尊重非歧视原则,并且如果有国际标准要基于国际标准制定);与服务贸易有关的纪律规则,包括诸如最惠国待遇的一般义务和单个成员在所参加的部门作出特定承诺后所承担的延伸的义务;与贸易有关的知识产权相关的规则,这些规则与开发和转移环境友好技术和专有技术相关。

必须注明的是,WTO 对应对气候变化和低碳经济的态度并不代表 WTO 成员国的态度,只是表明秘书处对待这个问题的认识和看法。WTO 如果要对该领域制定新的规则,仍要根据成员国的意见来定。

## (二) WTO 框架内对气候变化问题的讨论

目前,WTO 框架内已经开始关注气候变化问题,并在 WTO 的常规工作之中出现,目前主要在技术性贸易壁垒委员会(TBT 委员会)以及贸易与环境委员会(CTE)中讨论。

TBT 委员会为在 WTO 框架下讨论政府采取的减缓气候变化的技术法规提供了一个重要的平台。WTO 的 TBT 协议主要监管各国的技术法规、标准和合格评定程序是否对贸易和规则的协调造成不必要的障碍,要求成员国通报可能对贸易产生影响的技术法规的相关信息。那些与气候变化相关的技术规定和标签要求正是属于TBT协议的范畴,且WTO很早就有这些通报。

近年来,大量针对能源效率和排放控制的产品标准和标签要求被通报到WTO。目前TBT委员会所讨论的与气候变化相关的技术法规主要涉及产品要求,包括汽车燃油的经济标准、用能产品的生态设计要求、消费产品的能源效率规划、柴油机车的排放限值等。

TBT委员监督气候变化措施在实现其保护环境的立法目标的同时,不对国际贸易产生不必要的障碍,并鼓励这些措施之间能够相互协调。对于标准问题,国际标准化组织(ISO)已经制定了四个标准(ISO14064-1,2,3:2006和ISO14065:2007),这些标准包含量化和报告温室气体排放和削减量的要求,与合格评定程序相关,但并不包括针对任何产品的排放水平的要求。另外,还有越来越多的为减缓和适应气候变化的消极影响而制定的私营部门的标准也涉及产品和标签要求,这些标准尽管是非强制性的,但也会影响一些产品的市场准入。

贸易与环境委员会的工作规划涵盖了贸易和环境交叉的主要问题,还有一些与气候变化间接相关的问题也在贸易与环境委员会中讨论过,比如消除能源和森林部门的贸易限制度对环境的影响,能源效率标签对市场准入的影响等。贸易与环境委员会发挥孵化器的作用,支持贸易与环境日程的发展,成员方要想进一步加大气候变化与贸易之间联系也需要通过这扇大门来实现。

## (三)各国应对气候变化和低碳发展对多哈回合谈判的影响

各国应对气候变化和低碳发展与多哈回合谈判相互影响。当前多哈回合谈判中有多个议题与气候变化相关,包括贸易与环境谈判、农业谈判和非农产品市场准入谈判。此外,服务贸易谈判、知识产权问题谈判等也都会与低碳经济相关,本书暂不对这些问题进行分析。

## 第四章 低碳经济与国际贸易规则

### 1. 贸易与环境议题谈判

在诸多议题中，应对气候变化和低碳发展对环境产品和服务的自由化影响关系最大，使得气候友好产品成为贸易与环境谈判中的重要内容，是环境产品清单中的重要组成部分，并且也使得贸易与环境谈判的重要性提高。

低碳经济的发展使得低碳产品和服务的作用受到越来越多的重视。在WTO贸易与环境谈判中，一些组织和专家提出低碳产品和服务的清单并将其纳入到WTO环境产品和服务清单之中，以期消除这些产品和服务的贸易壁垒，实现贸易自由化。他们认为，将低碳产品和服务纳入环境产品和服务清单可以实现"三赢"的局面：第一是消除贸易壁垒可以实现贸易利益；第二是低碳产品和服务贸易自由化将有利于实现发展的利益；第三是可以帮助实现环境利益。低碳产品和服务的推广可以提高能源效率，减少温室气体排放，并对空气质量、水、土壤和自然资源保护发挥积极的作用。低碳产品和服务中包含着低碳技术，这些技术会随着产品而得到扩散，并激发该领域的竞争，激励创新，这对应对气候变化和保护环境是有帮助的。

从产品和服务清单看，低碳经济的发展使得更多低碳产品和服务被纳入到环境产品和服务清单中。政府间气候变化委员会IPCC曾经识别出一些有助于应对气候挑战的减缓和适用技术，其中有一些已经在多哈回合谈判的清单中，包括风能和水能涡轮机、太阳能热水器、沼气装置及废弃场收集甲烷的装置。2007年4月，一份包括153项环境产品的清单被提交到WTO贸易与环境委员会特别例会上，这份清单的提出者主要是发达国家，遭到了发展中国家的强烈反对。[①] 世界银行从这153项产品中选出43项气候友好的产品。2007年12月，欧盟和美国联合向WTO的贸易与环境委员会提交了一份包括这43项环境产品的清单，希望WTO谈判能够给予这

---

① Peter Wooders: Greenhouse Gas Emission Impacts of Liberalizing Trade in Environmental Goods [R]. http://www.iisd.org/pdf/2009/bali_2_copenhagen_egs.pdf, 2009 (10).

些气候友好的产品和服务优先考虑。这些气候友好的产品构成了环境产品的近1/3。2012年9月,亚太经济合作组织(APEC)领先世界贸易组织一步,就环境产品自由化问题达成重要共识,通过了包含54个目录的环境产品清单。这些产品包括测量设备、风电设备、空气和水质量监测系统等,APEC各成员承诺将在2015年之前将其关税削减至5%或5%以下。① 2014年1月,中国、美国、欧盟等14个世界贸易组织成员共同启动环境产品谈判进程,以APEC清单为基础,在WTO框架下进一步探讨实现环境产品自由化的各种机会,其最终成果将通过最惠国待遇惠及所有世贸组织成员。

虽然2014年1月开始的WTO环境产品谈判并未涉及环境服务②,但欧盟将环境服务纳入WTO环境谈判的努力一直没有间断。2014年5月,欧盟成员国表示支持扩展环境产品列表,不仅仅包括APEC于2012年达成的54类产品,要求欧委会探讨是否可将WTO框架下环境产品关税削减的诸边谈判的范围扩展到非关税壁垒(NTBs)及环境服务领域。

在环境服务谈判方面,气候变化和低碳发展使得原来在服务贸易谈判中被列为"其他"的一些环境服务受到重视,如"尾气清理"和"自然和风景区保护服务"等直接与气候变化减缓措施相关的服务。可以预期,与应对气候变化和低碳发展相关的环境服务也会是未来谈判的重点之一。近年来,低碳经济的发展使得此类服务随着环保法规要求的增加而不断扩展,经济效益和环境效益都不错。

2. 农业谈判

对于农业谈判而言,农业的固碳效应将成为农业谈判中非贸易关注的一个重要因素,各国为减少温室气体排放而在农业方面所采取的必要补贴

---

① 商务部发言人就中国参加WTO环境产品谈判等答问[EB/OL]. http://www.gov.cn/gzdt/2014-01/29/content_ 2578207.htm,2014-01-29.
② 在WTO贸易与环境谈判中,美国和欧盟立场不同,美国要求将环境服务谈判纳入服务贸易谈判中,而欧盟则主张将环境产品和环境服务都纳入环境谈判中。

和扶持，可能成为各国拒绝减少农业补贴的理由，从而影响农业谈判的结果。此外，低碳经济的发展促使生物燃料得到快速发展，使得生物燃料成为很多国家减少温室气体排放的选择。巴西生物乙醇的发展，使其成为主要出口者。2000年以来，20个WTO成员国向TBT委员会通报了37项生物燃料措施。生物燃料（包括生物柴油和生物乙醇）一直以来被当作农产品对待，2005年，世界海关组织决定将生物柴油列入到化工及相关产品之列，而生物乙醇仍然作为农产品食品类别。这样，农产品谈判和非农谈判的结果将直接影响生物燃料的市场准入情况。① 此外，生物燃料作为新能源位列农业谈判范畴内，会存在农业补贴范围扩大的问题，也会对农业谈判产生影响。

3. 非农产品市场准入谈判

在非农产品市场准入谈判中，除了涉及非农产品的关税问题，也包括非关税壁垒，如技术性贸易壁垒（TBT）和卫生与植物卫生措施（SPS）问题。低碳经济的发展使得非农产品的非关税壁垒成为影响贸易的重要因素，欧盟等发达国家以应对气候变化为由制定了很多法规、标准和合格评定程序，这些措施又对国际贸易产生影响，因此在非农产品市场准入谈判中，低碳领域的TBT也将成为一个各国关注的重要内容。

## 二、低碳经济发展对双边和区域贸易协定的影响

由于多哈回合谈判在农业和非农问题谈判上困难重重，进程缓慢，一些WTO成员国将贸易自由化转向区域性贸易协定，特别是双边贸易协定，并且在协定内容上也突破以往集中在关税减让方面，而涉及几乎所有

---

① 根据WTO网站气候变化与贸易专题内容整理。

WTO所涉及的议题，如农业、原产地、TBT、SPS、知识产权保护、服务贸易、投资等，不少自贸协定还涉及一些WTO没有涉及或者涉及不深的问题，如劳工、环境等方面。从近年来全球签署的自贸协定看，越来越多的自贸协定将环境议题作为重要内容加入进来，特别是在欧盟、美国、日本、加拿大等发达国家签署的自贸协定中，几乎都有环境条款。在发展中国家中，智利签署的自贸协定也大都包含环境条款。

从这些区域性贸易协定中环境条款的内容看，很多涉及的是环境领域的合作，如在国际环境协定中协调立场等，还有涉及国内环保法律的执行、环境技术合作等。2005年生效的美国—澳大利亚自由贸易协定第19章就包括保护水平（承认签字双方有权自行确定各自的环境保护水平和环境发展优先项目，有权采用或修改相应的环境法规和政策，要求签字方应确保其法规能提供并鼓励高水平的环境保护，并进一步提高这一水平）、环境法的应用与实施（在协定生效后，签字方应有效实施其环境法，不应为了鼓励贸易与投资而削弱或减少其环境法所提供的保护）、程序保证与公众知情、提高环境表现的自愿机制（在与其法律相一致的前提下，每一个签字方都应鼓励发展灵活、自愿的市场化机制，其中包括伙伴关系、信息共享以及鼓励保护自然资源与环境的市场化机制等，实现与保持高水平环境保护）、制度安排与公众参与、环境合作、环境协商、与环境协定的关系（成员方均参加了一些多边环境协定，今后应继续努力以增进在多边环境协定和国际贸易协定下的相互支持，并就WTO谈判中有关多边环境协定的问题进行定期协商）等内容。

也有少数自由贸易协定中将应对气候变化发展低碳经济的相关内容加入进来。如东盟和韩国2005年签署的自贸协定中就提出"成员方承诺在双方同意的基础上，寻求环境技术和政策的合作，如在压缩天然气技术和政策方面"。特别值得一提的是，日本与墨西哥签署的加强经济伙伴关系的协议（2004年）中特别提到"促进能力建设和机构建设来繁荣《联合国气候变化框架》的《京都议定书》下的清洁发展机制（CDM）；可以通过研讨会、专家信件和其他方式来鼓励CDM项目；鼓励环境产品和服务的贸易和推广"。欧盟—韩国自贸协定（2010年）中第13.5条明确规定了"成员再次明确为实现《联合国气候变化框架》及其《京都议定书》的最终目标所作出的承诺，承诺双方在根据巴厘岛路线图来制定进一步的国际气候变化框架方面进行合作"。这是在贸易协定中明确提出气候变化相关问题的典型例子。此外，还有一些区域性贸易协定提到了环保标准的统一、环境产品和服务的自由化等问题。

目前，应对气候变化和低碳发展作为可持续发展的重要内容，已经成为欧盟的核心利益所在，欧盟已经将可持续发展条款作为欧盟未来签署自贸协定的核心内容之一，在TTIP中也不可避免地成为其关注的重要内容。美国由于在应对气候变化问题上的消极态度，一直受到欧盟的指责，在美欧贸易投资协定谈判过程中，环境问题是欧盟内部各部门及非政府组织的重要考量，欧盟已经将环境标准作为TTIP谈判的底线问题之一，即不能因为TTIP而降低欧盟的环境标准，这其中就包括应对气候变化和低碳发展方面的标准。而欧美之间关于环境问题，特别是气候变化和低碳发展相关的议题达成协定，将会对国际贸易规则产生重大影响。

WTO对气候变化问题的讨论，会影响到区域性贸易协定中的内容，因为WTO讨论的内容有可能在未来成为国际规则的组成部分。有些希望将应对气候变化和低碳发展纳入贸易规则特别是WTO框架之中的国家，一旦在WTO不能达到目的时，就会选择一个相对容易的途径来实现与贸易的挂钩，区域性贸易协定由于参与的国家少，相对容易达成一致。通过在区域性贸易协定中逐步达成共识，形成共同意见团体，将有助于这些国家增强在多边谈判中的力量。另外，低碳经济的发展也会使得低碳产品和服务供给和需求都有所增加，这也需要更好的贸易自由化来实现低碳产品和服务的更好的发展，在这方面，区域性贸易协定会提供很好的机会。

## 三、低碳经济发展对国际贸易规则的影响

低碳经济发展对国际贸易规则的影响表现在三个层面：一是 WTO 多边层面的影响；二是区域性和双边层面的影响；三是国际社会和民间机构规则的影响。

如前所述，低碳经济的发展将影响 WTO 多哈回合谈判的谈判方向和谈判进程。低碳经济的发展使得与应对气候变化相关的低碳产品和服务成为贸易与环境谈判的重要组成部分和内容，而这部分所谓"气候友好"产品的关税和非关税措施的取消是国际贸易规则的重要变化。这种对"气候友好"产品的偏好也有可能影响其他环境产品和服务的自由化。同时，低碳经济发展带来了生产要素条件、需求条件和竞争条件的变化，会带来很多新的问题，需要制定新的多边规则来保障低碳经济的公平、有序的发展。

低碳经济的发展也使得碳排放成为一个公共议题，任何单个国家都不能单独解决全球气候问题，因此有越来越多的国家希望通过合作的途径来解决。除了 WTO 和《联合国气候变化框架公约》这些多边体系之外，通过双边或区域贸易协定来推动减缓和适应气候变化将在未来受到更多的重视，这也是改变贸易规则的一个重要方式。

低碳经济发展对国际贸易规则的影响还体现在国际组织和民间社会自发形成的非官方规则。比如 ISO 制定了关于温室气体排放核算和认证的国际标准，在全球推广，企业可以自愿选择是否使用这些国际标准。很多国家政府部门或民间机构推广碳足迹或碳标签活动，可能采用 ISO 的国际标准来测量企业的碳排放，如果二者结合起来，则形成了一个非官方但却非常有用的国际规则。还有一种国际规则也是非官方的，是通过价值链和供应链来实现的。一些大型的零售企业如乐购等，为了彰显自

己的低碳发展态度，往往制定一些企业发展战略和做法，并要求其供应商参照执行，比如对产品加贴碳标签、削减温室气体排放等，这些来自供应链上游的低碳要求也会成为实际有效的国际规则，影响出口企业的发展，这些低碳领域的私营标准和企业标准也是值得我们关注的。此外，还有国际行业性的国际规则可能会对贸易产生影响，比如针对航空和航海等跨境排放的问题，单个国家不能够解决，也不能依靠单个国家的规则来解决，还需要一些行业性质或者具有国际组织性质的权威机构来制定规则，解决问题。

## 四、低碳经济对国际贸易的影响

低碳经济对贸易规则产生影响，这种规则又会对国际贸易产生影响。

以碳关税为例，世界银行2007年的一份研究报告《气候变化与国际贸易》利用局部均衡方法估计了欧盟对美国出口产品征收"京都税"或者碳关税对贸易的影响。研究显示，如果欧盟对美国出口的最能源密集型的产品（包括纸浆和纸、工业化学品、非金属矿产品、钢铁和不含铁的金属）征收碳关税，会对美国能源密集型行业的出口和美国总出口产生影响。以10%的关税率计算，美国总体出口将损失2.3%，能源密集性行业出口损失10.2%；如果碳关税增长到30%，则美国总体出口损失达到6.8%，而能源密集性行业出口损失高达30.5%（见表4-1）。而且这还不考虑由于贸易转移效益所造成的贸易损失，如果考虑，损失会更高。

表 4-1 欧盟征收京都税对美国出口的影响

| | 金额<br>(千美元) | 美国总出口损失比重<br>(%) | 美国能源密集型出口损失比重<br>(%) |
|---|---|---|---|
| 2005 年欧盟来自美国的进口总额 | 207713157 | | |
| 其中能源产品的进口额 | 46000809 | | |
| 10%的京都税 | | 2.3 | 10.2 |
| 20%的京都税 | | 4.5 | 20.4 |
| 30%的京都税 | | 6.8 | 30.5 |

资料来源：引自世界银行报告——World Bank：International Trade and Climate Change，Nov. 2007，http：//www-wds.worldbank.org/external/default/WDSContentServer/WDSP/IB/2007/11/15/000310607_20071115153905/Rendered/PDF/41453optmzd0PA101OFFICIAL0USE0ONLY1.pdf，P39.

由于《京都议定书》只对工业化国家提出了减排要求，因此，世界银行认为"京都税"或者碳关税只能针对工业化国家，因而没有考虑对中国等发展中国家的影响。如果不考虑碳关税的合法化问题，欧盟征收碳关税对中国造成的影响会比美国大，原因在于中国能源密集型行业的能源效率可能总体上低于美国。可以说，碳关税等低碳政策和做法能否成为国际规则，将会对贸易产生很大的影响。

再以环境产品和服务贸易自由化为例，WTO 多哈回合谈判对于环境产品和服务所达成的规则，也将极大地推动环境产品和服务的国际贸易，而其中主要的贸易流向将是向发达国家出口更多的环境产品和服务，而发展中国家的环境产品海外服务进口将增加，国内相关产业将受到更大的冲击。

世界银行（2007）对包括中国、印度、巴西、南非、墨西哥等 18 个高温室气体排放的发展中国家在新能源相关的技术贸易方面（包括四类新能源技术：清洁煤技术、风能技术、太阳能技术和高效照明技术）进行了研究，发现发展中国家在新能源相关的技术进口上还存在大量的关税和非关税壁垒，包括配额、技术法规、与知识产权有关的投资壁垒等，有些国家与新能源相关的技术进口关税明显高于工业品的平均关税。如果消除关税壁垒,则贸易量分别可以增加 3.6%~15.4%,如果同时消除关税和非关税壁垒,则贸易量可以增加 4.6%~63.6%,影响非常大,且在风能和高效照明技术领域的贸易增幅最大(见表 4-2)。

表 4-2 高温室气体排放的发展中国家清洁能源技术自由化的贸易影响

单位:%

| 技术种类 | 自由化情景 1 | 自由化情景 2 |
| --- | --- | --- |
| | 仅消除关税 | 同时消除关税和非关税壁垒 |
| 清洁煤技术 | 3.6 | 4.6 |
| 风能发电技术 | 12.6 | 22.6 |
| 太阳能发电 | 6.4 | 13.5 |
| 高效照明技术 | 15.4 | 63.6 |
| 所有四类技术 | 7.2 | 13.5 |

资料来源:引自世界银行报告——World Bank:International Trade and Climate Change, Nov. 2007, http://www-wds.worldbank.org/external/default/WDSContentServer/WDSP/IB/2007/11/15/000310607_20071115153905/Rendered/PDF/41453optmzd0PA101OFFICIAL0USE0ONLY1.pdf, P53.

从新能源技术的情况也可以看出,如果 WTO 多哈回合谈判达成环境产品和服务的贸易自由化,也会给列入清单的产品和服务的国际贸易带来重大影响。由于当前关于环境产品和服务的清单更多的是体现先进的技术,是发达国家具有优势的产品,这对于发展中国家来说具有很大的挑战。这些产品和服务的自由化将进一步扩大发达国家环境产品和服务的竞争优势,使得发达国家此类出口贸易大增,而发展中国家环境产品和服务将大量进口,国内产业竞争力也将受到挑战。

## 五、低碳经济对与贸易有关的投资的影响

低碳经济的发展离不开低碳经济投资,其中除了政府的资金投入外,

更重要的是企业的投资，低碳经济的发展使得很多企业瞄准新能源和低碳领域：一方面可以减少自身的碳排放；另一方面也可以获得新的增长点。在诸多低碳投资中，跨国公司的低碳投资对贸易具有重要的影响。跨国公司既是碳排放的重要主体，也是低碳投资和低碳技术的来源方，是促进碳减排的重要主体。跨国公司在全球的低碳投资促进了低碳技术、产品和服务的国际流动，有利于全球碳减排的实现，但跨国公司的国际投资同时也存在一定的风险。当前全球有很多国家制定了较为严格的削减温室气体排放的政策法规，对企业的生产经营活动产生较大影响，也使得一些企业为了避免在母国的碳排放约束和高额合规成本，而选择到环保法规相对较弱的国家投资设厂，生产产品再出口到母国，从而发生碳泄漏的情况。尽管这种碳泄漏的严重程度目前还有待进一步研究，但是为了避免这种情况的出现，国际社会已经开始关注这一问题，并采取相应的措施进行监督，要求企业提高投资的透明度，并加大碳排放信息的披露。在这种情况下，对低碳投资规则的需求逐渐显现，国际社会为了应对当前在国际投资领域存在的问题，有可能会形成一个新的投资规则，而这一新的规则也是为了适应低碳经济发展而形成的，并反过来影响投资规则和格局。

应对气候变化需要大量的资金支持，UNFCCC（2007）估计，为了到2030年使温室气体排放保持2007年的水平，全球每年需要2000亿~2100亿美元的投资。而《斯特恩报告》用不同的方法估计每年需要1.2万亿美元。① 近年来，跨国公司的低碳投资得到了较快发展，据联合国贸发会议估计，2009年，仅流向可再生能源、循环利用和低碳技术产品制造（如风轮机、太阳能电池板和生物燃料）这三大低碳领域的低碳直接外资就达900亿美元。如果考虑到其他产业内含的低碳投资和跨国公司的非股权形式参与（如建造—经营—转让安排），以及低碳工序在各行各业中的渗透，则此类投资总额要大得多。

促进低碳领域的国际投资，仅仅依靠私营企业的自主意愿是不够的，

---

① UNCTAD, World Investment Report 2010, P111.

还需要强有力的政策支持和投资环境。国际低碳经济发展为跨国公司低碳投资提供了动力和机遇，也使得跨国公司面临更多的监管和压力，要在应对气候变化和经济发展之间寻求平衡。为了更好地促进低碳领域的国际投资，联合国贸发会议提议建立一种全球伙伴关系，以使投资促进和缓解气候变化之间建立协同作用联系，并鼓励进行低碳投资，推动可持续增长和发展。这一伙伴关系的内容包括：制定清洁投资促进战略；扶持推广清洁技术；确保国际投资协定为缓解气候变化作出贡献；统一温室气体排放披露做法；建立一个国际低碳技术援助中心。其中涉及低碳投资国际规则的主要有两个方面：一是国际投资协定问题；二是统一温室气体披露做法。联合国贸发提议在国际投资协定中引入有利于气候的条款（如促进低碳投资的内容、"环境例外"规则），以及达成多边谅解，以确保现有国际投资协定与气候变化方面的全球和国家政策动态相一致。此外还要建立企业温室气体排放披露的全球统一标准，改进价值链中外国业务和活动的披露工作，使得碳排放披露的最佳做法在全球推广。这些建议意味着低碳领域国际投资规则的变化，将给国际投资带来影响，也会给各国的低碳竞争优势带来影响。

# 第五章　低碳经济对我国对外经济贸易发展的影响

我国低碳经济发展虽然起步较晚，但近年来发展较快，制定了相关的法律法规，出台了一些鼓励低碳经济发展的举措，主要体现在节能减排、清洁能源的发展、低碳城市建设等方面。从中央政府到地方政府都把节能减排和低碳发展作为一项重要任务来抓，起到了很好的引导和监督作用，营造了一种低碳的竞争环境。在这种环境下，无论是针对清洁能源、低碳科研投入、人才培养等生产要素的投入，还是针对公众和消费者教育的投入都有较大进步，不少企业也积极投身到低碳试点和改革之中，带动了低碳产业链的发展，这为我国在低碳领域实现"弯道超车"创造了条件，也为我国获得新的国家竞争优势提供了机会，使我国有可能利用低碳发展契机来实现外贸结构调整和增长方式改变。同时，国外低碳经济发展所产生的规则变化和国外竞争力的变化也都会对我国对外经贸发展产生影响。一方面，国外制定的低碳法规、标准及其他与贸易有关的规则会直接影响我国出口；另一方面，国外低碳经济竞争力的发展也会对我国外经贸产生影响。此外，低碳领域的国际竞争也引发了一些贸易争端，对我国某些低碳相关产品的出口带来不利影响，值得关注。

低碳经济条件下我国对外经济贸易发展研究——基于国家竞争优势理论

# 一、我国低碳经济发展现状

我国低碳经济发展面临来自内部和外部的双重压力。随着碳排放量的不断增加，中国成为全球碳排放最多的国家，因而受到越来越多的关注。在联合国气候变化框架下，中国作为发展中国家不承担量化减排责任，尽管中国人均碳排放还很低，但由于总量大，很多国家把中国视为一种威胁，既是全球气候变暖的威胁，也是经济贸易竞争的威胁，因此想方设法要将中国纳入约束性减排框架之内。在内部，中国经济发展过多依靠化石能源，碳排放量不断增加，环境污染严重，同时人均资源拥有量不多，技术水平相对落后，存在严重的锁定效益，国内经济发展空间受到限制。要实现我国经济又好又快发展，就需要对经济结构进行调整，从粗放型增长向集约型增长转变，从经济增长向经济、社会和环境协调发展转变。在这种内外双重压力下，加上全球新一轮低碳竞争条件，中国发展低碳经济成为必然选择，而这种低碳选择也为我国国家竞争优势的创造提供了机会。

## （一）我国低碳经济发展战略、政策和法规

1992年，我国签署《联合国气候变化框架公约》并于同年底获得全国人大常委会正式批准。之后不久，中共中央、国务院批准并转发了中国外交部和国家环保局《关于出席联合国环境与发展大会的情况及有关对策的报告》，提出了中国环境与发展的十大对策，分别是实行持续发展战略；采取有效措施，防治工业污染；深入开展城市环境综合整治，认真治理城市"四害"；提高能源利用效率，改善能源结构；推广生态农业，坚持不懈地植树造林，切实加强生物多样性的保护；大力推进科技进步，加强环境科学研究，发展环境保护的产业；运用经济手段保护环境；加强环

境教育，不断提高全民族的环境意识；健全法制，强化环境管理；参照环境与发展大会精神，制订中国行动计划。①尽管第四条对策专门针对能源问题，但事实上每一个对策都包含着节约能源、降低能耗、提高能效、减少污染、减少排放的思想在其中，这十大对策可以说构成了中国应对气候变化发展低碳经济的雏形。

中国加入《联合国气候变化框架公约》之后，从战略、政策和法规层面分别采取措施来减缓和适应气候变化，提高能源使用效率，减少二氧化碳排放，适应气候变化等，包括：全国人大常委会、国务院及相关部门制定和修订了多项法律法规来促进节能减排和低碳发展；中国应对气候变化国家方案；国家"十一五"规划和"十二五"规划中也对节能减排提出了明确的目标和要求；其他低碳相关的政策文件。本章将选择具有法律效力、影响力和代表中国低碳经济发展方向和内容的政策法规来介绍。

1. 应对气候变化与低碳发展相关的法律法规和规章

2000年以来，全国人大先后制定或修订了多项法律，对节约能源、提高能源使用效率、减少污染排放、发展可再生能源、适用气候变化等方面作出了规定，具体包括：《可再生能源法》（2005年制定，2009年修订）、《循环经济促进法》（2008年制定）、《节约能源法》（1997年制定，2007年修订）、《清洁生产促进法》（2002年制定，2012年修订）、《水土保持法》（1991年制定，2010年修订）、《海岛保护法》（2009年制定）等。

国务院也颁布了一些相关条例，来减缓和适应气候变化，包括：《民用建筑节能条例》（2008年制定）、《公共机构节能条例》（2008年制定）、《抗旱条例》（2009年制定）。

在国家部委层面，2009年国家质检总局出台《高耗能特种设备节能监督管理办法》，2010年国家发展改革委员会出台《固定资产投资项目节

---

① 我国环境与发展十大对策［EB/OL］. http://www.bjchp.gov.cn/hbj/tabid/4981/InfoID/36997/frtid/703/Default.aspx，2010-04-07。

能评估和审查暂行办法》，2010年，国资委出台《中央企业节能减排监督管理暂行办法》等规章。

## 2.《中国应对气候变化国家方案》

2007年6月，国务院印发《中国应对气候变化国家方案》，要求各地区、各部门要按照方案所确定的应对气候变化的指导思想、原则和目标，坚持以科学发展观为指导，统筹考虑经济发展与生态建设、国际与国内、当前与长远，把应对气候变化与实施可持续发展战略，加快建设资源节约型、环境友好型社会和创新型国家结合起来，纳入国民经济和社会发展总体规划和地区规划，努力控制和减缓温室气体排放，不断提高适应气候变化的能力，促进我国经济发展与人口、资源、环境相协调，为改善全球气候作出新的贡献。

根据方案要求，目前全国31个省（自治区、直辖市）均已编制完成了地方应对气候变化方案，并已全面进入组织落实阶段，应对气候变化工作已逐步纳入到各地经济社会发展的总体布局，提上了地方各级政府重要议事日程。相关部门相继出台了海洋、气象、环保等领域的相关行动计划和工作方案。

## 3."十一五"和"十二五"规划纲要中对低碳发展的要求

2006年出台的国家"十一五"规划纲要提出"要把节约资源作为基本国策，发展循环经济，保护生态环境，加快建设资源节约型、环境友好型社会，促进经济发展与人口、资源、环境相协调。推进国民经济和社会信息化，切实走新型工业化道路，坚持节约发展、清洁发展、安全发展，实现可持续发展"；确定的节能减排目标为"资源利用效率显著提高，单位国内生产总值能源消耗降低20%左右，单位工业增加值用水量降低30%，农业灌溉用水有效利用系数提高到0.5，工业固体废物综合利用率提高到60%"。

2011年，国家"十二五"规划纲要出台，以"坚持把建设资源节约型、环境友好型社会作为加快转变经济发展方式的重要着力点。深入贯彻节约资源和保护环境基本国策，节约能源，降低温室气体排放强度，发展循环经济，推广低碳技术，积极应对全球气候变化，促进经济社会发展与人口资源环境相协调，走可持续发展之路"作为低碳发展的指导思想，提出"十二五"期间的发展目标是"资源节约环境保护成效显著，非化石能源占一次能源消费比重达到11.4%，单位国内生产总值能源消耗降低16%，单位国内生产总值二氧化碳排放降低17%。主要污染物排放总量显著减少，化学需氧量、二氧化硫排放分别减少8%，氨氮、氮氧化物排放分别减少10%。森林覆盖率提高到21.66%，森林蓄积量增加6亿立方米"。这也与中国政府2009年哥本哈根会议前提出的"到2020年单位国内生产总值温室气体排放比2005年下降40%~45%的行动目标，并作为约束性指标纳入国民经济和社会发展中长期规划"承诺相一致。围绕该目标，"十二五"期间的政策导向是"健全节能减排激励约束机制。优化能源结构，合理控制能源消费总量，完善资源性产品价格形成机制和资源环境税费制度，健全节能减排法律法规和标准，强化节能减排目标责任考核，把资源节约和环境保护贯穿于生产、流通、消费、建设各领域各环节，提升可持续发展能力"。

国家"十二五"规划纲要第六篇是"绿色发展——建设资源节约型、环境友好型社会"，在该部分，纲要提出要积极应对全球气候变化，控制温室气体排放，增强适应气候变化的能力，广泛开展国际合作。为控制温室气体排放，要"综合运用调整产业结构和能源结构、节约能源和提高能效、增加森林碳汇等多种手段，大幅度降低能源消耗强度和二氧化碳排放强度，有效控制温室气体排放。合理控制能源消费总量，严格用能管理，加快制定能源发展规划，明确总量控制目标和分解落实机制。推进植树造林，新增森林面积1250万公顷。加快低碳技术研发应用，控制工业、建筑、交通和农业等领域温室气体排放。探索建立低碳产品标准、标识和认证制度，建立完善温室气体排放统计核算制度，逐步建立碳排放交易市场。推进低碳试点示范"。①

2011年9月,国务院发布《"十二五"节能减排综合性工作方案》。2011年12月,国务院又印发了《"十二五"控制温室气体排放工作方案》,对"十二五"期间开展节能减排和控制温室气体排放作出了全面部署。可以说,"十二五"规划纲要及其后续文件对于我国低碳经济发展至关重要。

4. 其他与应对气候变化和低碳发展相关的政策文件

2007年以来,国家发改委陆续发布了《可再生能源中长期发展规划》(2007年9月)、《核电中长期发展规划》(2007年10月)、《可再生能源发展"十一五"规划》(2008年3月)等重要文件,来支持可再生能源的发展。

## (二)我国低碳经济相关的技术法规、标准和合格评定程序

我国与低碳经济有关的法律法规较多,但多属于宏观层面的,针对低碳产品和服务层面的技术法规还相对较少,标准和合格评定程序也主要集中在节能减排领域,特别是一些用能产品的能效标准等。

为加强节能管理,推动节能技术进步,提高能源效率,2004年8月,国家发改委和国家质检总局依据《中华人民共和国节约能源法》、《中华人民共和国产品质量法》、《中华人民共和国认证认可条例》,联合发布了《能源效率标识管理办法》,并于2005年3月1日开始实施。自实施以来,我国已发布8批《中华人民共和国实行能源效率标识的产品目录》,包含家用电冰箱、电动洗衣机、空调、热水器、平板电视、复印机、传真机、数字电视接收器、家用电磁灶、电饭锅、电风扇、自镇流荧光灯等26类

---

① 我国国民经济和社会发展"十二五"规划纲要(全文)[EB/OL]. 新浪网, http://news.sina.com.cn/c/2011-03-17/055622129864.shtml, 2011-03-17.

用能产品。①

2009年10月，国家认监委发出《关于开展能源管理体系认证试点工作的通知》，推出了能源管理体系认证，并在企业中开展试点工作，逐步建立了能源管理体系认证制度。2010年11月，国家环保部环境发展中心推出了中国环境标志低碳认证标准，并开始进行低碳认证。这两项工作都是中国在合格评定领域开展的试点。

随着低碳经济的发展，与低碳产品和服务相关的技术法规、标准和合格评定程序会增加，"十二五"规划纲要中也提出要建立低碳产品标准、标识和认证制度，预计未来在低碳领域的技术性措施会越来越多。

## （三）我国低碳经济发展中影响贸易和投资的政策总结

我国低碳经济发展也是以政府引导和推动、企业为节能减排主体、全社会共同参与的方式进行，政府在低碳经济发展中扮演着至关重要的角色，在低碳经济理念宣传、国内低碳规则设定、低碳技术的开发和推广、新能源的开发利用等方面都发挥了积极的作用。我国"十二五"规划纲要中明确提出的低碳发展，也带动了国内投资向低碳领域集中，在吸引外资方面也一样，会有更多的资源流向低碳行业。

从国家竞争优势理论的角度看，我国政府的积极推动，对于改变我国低碳经济的生产要素条件和需求条件都具有积极的影响。低碳出行、低碳生活、低碳城市建设、低碳建筑等理念的推广，对于营造一个低碳的竞争环境具有积极意义。从机会的角度看，国外制定的低碳相关的技术法规、标准和合格评定程序会影响我国的对外贸易。在气候变化谈判中，我国由于高碳排放处于不利的地位，自身对国际规则制定的影响力也有待加强，而国际规则的出台又将对我国低碳竞争优势产生影响，我国在这方面应保持警惕。

---

① 中华人民共和国实行能源效率标识的产品目录，http://www.wnzj.gov.cn/Article/UploadFiles/201104/2011041908353052.doc。

## 二、低碳经济对我国对外贸易的影响

从低碳经济对贸易影响的作用机理和影响路径看,低碳经济对我国对外贸易的影响主要包括三个层面:一是国外低碳政策法规等机会事件对我国竞争力产生影响,从而影响我国对外贸易;二是国际规则的变化对我国对外贸易产生影响;三是我国自身低碳发展对竞争优势产生影响从而影响我国贸易竞争力。

### (一) 国外低碳政策法规和标准对我国对外贸易的影响

随着低碳经济的发展,欧盟等发达国家利用其在环境保护、低碳技术等方面的优势,在国内推行低碳排放或者高能效标准的法规和标准,并通过国际贸易在全球推广。由于技术法规、标准等技术性贸易措施是 WTO 允许各国为保护环境而采取的措施,因此具有名义上的合理性,其他国家为了贸易较难拒绝,低碳经济对我国外贸的直接影响将更多地体现在技术性贸易壁垒方面。

#### 1. 我国对外贸易能耗较高,本身在低碳方面不占有优势

现阶段我国能源效率总体偏低,二氧化碳排放强度高于世界平均水平,对外贸易发展仍然未能脱离粗放式增长,低技术、高耗能、高污染的资源密集型和劳动密集型产品仍然在对外贸易中占据重要地位。从我国目前的贸易结构看,出口产品的平均资源能源消耗和污染强度较大,能源消费总量较高。从表 5-1 和表 5-2 可以看出,1995~2010 年,我国各行业能源消费总量从 131176 万吨标准煤增长到 324939 万吨标准煤,增长 1.5 倍,各行业能源消费量也有不同程度的增长。从能源消耗量的部门分布

第五章 低碳经济对我国对外经济贸易发展的影响

看，首先是工业部门的能源消耗占比最高，1995年，工业部门能源消耗96191万吨标准煤，2010年，增长到231102万吨标准煤，增长1.4倍；其次是生活消费领域，1995年能源消耗量为15745万吨标准煤，2010年增长到34558万吨标准煤，增长1.2倍；交通运输、仓储和邮政业能源消耗位居第三位，1995年为5863万吨标准煤，2010年增长为26068万吨标准煤，增长3.4倍。从能源消耗增长速度看，首先是建筑业的能源消费增长速度最快，2010年比1995年增长3.7倍；其次是交通运输、仓储和邮政业，增长3.4倍；最后是其他行业，增长2倍。从能源消耗占比情况看，1995~2010年，我国工业部门能源消费占全国能源消费总量的比重最高，一直在70%以上，其中制造业部门能源消费又居于最重要的地位，占全国能源消费总量近60%，这两个比重在15年中变化不大；变化比较大的是交通运输、仓储和邮政业，从1995年占比4%增长到8%；农林牧渔业和采掘业的能源消费占消费总量的比重有明显下降。

表5-1 1995~2010年中国各行业能源消费总量

单位：万吨标准煤

| 行业 | 1995年 | 2000年 | 2005年 | 2006年 | 2007年 | 2008年 | 2009年 | 2010年 |
|---|---|---|---|---|---|---|---|---|
| 消费总量 | 131176 | 145531 | 235997 | 258676 | 280508 | 291448 | 306647 | 324939 |
| 农、林、牧、渔业 | 5505 | 3914 | 6071 | 6331 | 6228 | 6013 | 6251 | 6477 |
| 占消费总量比重（%） | 4 | 3 | 3 | 2 | 2 | 2 | 2 | 2 |
| 工业 | 96191 | 103774 | 168724 | 184945 | 200531 | 209302 | 219197 | 231102 |
| 占消费总量比重（%） | 73 | 71 | 71 | 71 | 71 | 72 | 71 | 71 |
| 采掘业 | 9941 | 10968 | 13915 | 14247 | 15241 | 17050 | 17585 | 18399 |
| 占消费总量比重（%） | 8 | 8 | 6 | 6 | 5 | 6 | 6 | 6 |
| 制造业 | 78368 | 80772 | 137140 | 151275 | 164951 | 172107 | 180596 | 188498 |
| 占消费总量比重（%） | 60 | 56 | 58 | 58 | 59 | 59 | 59 | 58 |
| 建筑业 | 1335 | 2179 | 3403 | 3761 | 4128 | 3813 | 4562 | 6226 |
| 占消费总量比重（%） | 1 | 1 | 1 | 1 | 1 | 1 | 1 | 2 |
| 交通运输、仓储和邮政业 | 5863 | 11242 | 18391 | 20284 | 21959 | 22917 | 23692 | 26068 |
| 占消费总量比重（%） | 4 | 8 | 8 | 8 | 8 | 8 | 8 | 8 |

续表

| 行业 | 1995年 | 2000年 | 2005年 | 2006年 | 2007年 | 2008年 | 2009年 | 2010年 |
| --- | --- | --- | --- | --- | --- | --- | --- | --- |
| 批发、零售业和住宿、餐饮业 | 2018 | 3048 | 4848 | 5314 | 5689 | 5734 | 6412 | 6827 |
| 占消费总量比重（%） | 2 | 2 | 2 | 2 | 2 | 2 | 2 | 2 |
| 其他行业 | 4519 | 5762 | 9255 | 10276 | 11158 | 11771 | 12690 | 13681 |
| 占消费总量比重（%） | 3 | 4 | 4 | 4 | 4 | 4 | 4 | 4 |
| 生活消费 | 15745 | 15614 | 25305 | 27765 | 30814 | 31898 | 33843 | 34558 |
| 占消费总量比重（%） | 12 | 11 | 11 | 11 | 11 | 11 | 11 | 11 |

资料来源：根据《中国能源统计年鉴》（2011）整理得出。

就对外贸易而言，制造业部门出口占我国出口总额的90%以上。2009年，我国出口总额12016.7亿美元，其中制造业出口11613.1亿美元，占出口总额的96.6%。钢铁等贱金属及其制品，化工类产品，纺织、服装、玩具和鞋类产品，机电类产品等产品出口量大，能源消费总量高，在制造业部门中能源消耗量多，碳排放量较大。其中，黑色金属冶炼及压延加工业能源消费总量在1995年为18533万吨标准煤，2010年达到57534万吨标准煤，占全国能源排放总量的17.7%，远高于其他行业；化学原料及化学制品制造业位居第二，1995年为15822万吨标准煤，2010年达到29689万吨标准煤，占比9.1%；非金属矿物制品业能源消费量也很大，1995年为13058万吨标准煤，2010年达到27683万吨标准煤，占比8.5%。此外，有色金属冶炼及压延加工业、纺织业等也是能源消费比较多的行业和部门，不同的是前者1995～2010年在全国能源消费中占比明显提高，而纺织业所占比重明显下降（见表5-2）。

另外，据《中国能源统计报告2008》统计，钢铁部门是中国最大的耗能部门，2002年占全国工业部门能源消费的18.9%，而到2006年该比重增长到24.4%。2002～2006年，大约83%的工业部门能源消费增量来自煤炭、石油加工、化工、建材、钢铁、有色、电力七大行业，钢铁部门占了32.6%。

表5-2 1995~2010年制造业各行业能源消费及占全国能源消费总量的比重

单位：万吨标准煤，%

| 行业 | 1995年 能源消耗 | 1995年 占总量比重 | 2000年 能源消耗 | 2000年 占总量比重 | 2005年 能源消耗 | 2005年 占总量比重 | 2010年 能源消耗 | 2010年 占总量比重 |
|---|---|---|---|---|---|---|---|---|
| 黑色金属冶炼及压延加工业 | 18533 | 14.1 | 18962 | 13.0 | 39544 | 16.8 | 57534 | 17.7 |
| 化学原料及化学制品制造业 | 15822 | 12.1 | 14326 | 9.8 | 23849 | 10.1 | 29689 | 9.1 |
| 非金属矿物制品业 | 13058 | 10.0 | 13768 | 9.5 | 21310 | 9.0 | 27683 | 8.5 |
| 电力、煤气及水生产和供应业 | 7883 | 6.0 | 12034 | 8.3 | 17668 | 7.5 | 24205 | 7.4 |
| 电力、热力的生产和供应业 | 7053 | 5.4 | 10812 | 7.4 | 16326 | 6.9 | 22584 | 7.0 |
| 石油加工、炼焦及核燃料加工业 | 5567 | 4.2 | 7220 | 5.0 | 11924 | 5.1 | 16583 | 5.1 |
| 有色金属冶炼及压延加工业 | 2842 | 2.2 | 4079 | 2.8 | 7404 | 3.1 | 12841 | 4.0 |
| 纺织业 | 3531 | 2.7 | 3014 | 2.1 | 5281 | 2.2 | 6205 | 1.9 |
| 造纸及纸制品业 | 2138 | 1.6 | 2269 | 1.6 | 3575 | 1.5 | 3962 | 1.2 |
| 交通运输设备制造业 | 1376 | 1.0 | 1502 | 1.0 | 2043 | 0.9 | 3749 | 1.2 |
| 金属制品业 | 994 | 0.8 | 1210 | 0.8 | 2271 | 1.0 | 3628 | 1.1 |
| 通用设备制造业 | 1651 | 1.3 | 1251 | 0.9 | 2150 | 0.9 | 3271 | 1.0 |
| 农副食品加工业 | 1973 | 1.5 | 1717 | 1.2 | 2207 | 0.9 | 2644 | 0.8 |
| 通信设备、计算机及其他电子设备制造业 | 321 | 0.2 | 693 | 0.5 | 1483 | 0.6 | 2525 | 0.8 |
| 电气机械及器材制造业 | 629 | 0.5 | 648 | 0.4 | 1213 | 0.5 | 2122 | 0.7 |
| 塑料制品业 | 542 | 0.4 | 696 | 0.5 | 1486 | 0.6 | 2098 | 0.6 |
| 专用设备制造业 | 1089 | 0.8 | 867 | 0.6 | 1315 | 0.6 | 1851 | 0.6 |
| 食品制造业 | 1208 | 0.9 | 1056 | 0.7 | 1282 | 0.5 | 1509 | 0.5 |
| 工艺品及其他制造业 | 1234 | 0.9 | 1375 | 0.9 | 1330 | 0.6 | 1505 | 0.5 |
| 橡胶制品业 | 644 | 0.5 | 688 | 0.5 | 1137 | 0.5 | 1461 | 0.4 |
| 化学纤维制造业 | 1278 | 1.0 | 1884 | 1.3 | 1383 | 0.6 | 1441 | 0.4 |
| 医药制造业 | 1201 | 0.9 | 942 | 0.6 | 1204 | 0.5 | 1428 | 0.4 |
| 饮料制造业 | 1000 | 0.8 | 800 | 0.6 | 992 | 0.4 | 1130 | 0.3 |
| 木材加工及木、竹、藤、棕、草制品业 | 380 | 0.3 | 361 | 0.2 | 755 | 0.3 | 1036 | 0.3 |
| 水的生产和供应业 | 489 | 0.4 | 616 | 0.4 | 699 | 0.3 | 970 | 0.3 |
| 纺织服装、鞋、帽制造业 | 329 | 0.3 | 348 | 0.2 | 577 | 0.2 | 748 | 0.2 |

续表

| 行业 | 1995 年 | | 2000 年 | | 2005 年 | | 2010 年 | |
|---|---|---|---|---|---|---|---|---|
| | 能源消耗 | 占总量比重 | 能源消耗 | 占总量比重 | 能源消耗 | 占总量比重 | 能源消耗 | 占总量比重 |
| 燃气生产和供应业 | 341 | 0.3 | 605 | 0.4 | 643 | 0.3 | 650 | 0.2 |
| 皮革、毛皮、羽毛（绒）及其制品业 | 290 | 0.2 | 204 | 0.1 | 324 | 0.1 | 392 | 0.1 |
| 印刷业和记录媒介的复制 | 203 | 0.2 | 205 | 0.1 | 281 | 0.1 | 391 | 0.1 |
| 仪器仪表及文化、办公用机械制造业 | 143 | 0.1 | 157 | 0.1 | 197 | 0.1 | 346 | 0.1 |
| 烟草制品业 | 224 | 0.2 | 304 | 0.2 | 257 | 0.1 | 229 | 0.1 |
| 文教体育用品制造业 | 62 | 0.0 | 123 | 0.1 | 198 | 0.1 | 211 | 0.1 |
| 家具制造业 | 106 | 0.1 | 101 | 0.1 | 133 | 0.1 | 210 | 0.1 |
| 废弃资源和废旧材料回收加工业 | — | 0.0 | — | 0.0 | 35 | 0.0 | 77 | 0.0 |

资料来源：根据《中国能源统计年鉴》（2011）整理得出。

## 2. 我国出口可能受到国外低碳政策发展的现实和潜在影响

整体而言，我国外贸出口仍处于粗放型增长阶段，出口产品能耗相对较高，二氧化碳排放量较大，与发达国家相比，仍有很大差距。Ahmad N. 和 A. Wyckoff（2003）的研究基于1995年前后的数据对24个国家各行业单位美元的隐含（直接和间接）二氧化碳排放进行了计算。总体而言，中国单位美元中隐含的二氧化碳排放是最高的，特别是在农业（中国单位美元的碳排放为1.3千克，而其他国家最低的为0.3千克）、采矿、挖掘和精炼行业（中国是4.5千克，巴西是0.7千克）、化学（中国是4.9千克，日本是0.5千克）、钢铁（中国是9.2千克，日本是0.9千克）、非铁金属（中国是4.9千克，日本是0.7千克）及电、燃气和水（中国是24.2千克，巴西是0.4千克）等行业，在所研究国家中是最高的。中国各行业的碳排放情况不仅远高于日本、英国、德国和美国等发达国家，还远高于发展中国家巴西；与印度相比，在很多行业上也不具有竞争优势（见表5-3）。

表 5-3　各行业单位美元隐含二氧化碳排放情况（1995 年）

单位：千克二氧化碳/美元

| 行业 | 日本 | 英国 | 德国 | 美国 | 中国 | 印度 | 巴西 |
|---|---|---|---|---|---|---|---|
| 农业等 | 0.3 | 0.3 | 0.3 | 0.5 | 1.3 | 0.7 | 0.3 |
| 采矿、挖掘和精炼 | 0.9 | 0.9 | 1.1 | 1.9 | 4.5 | 2.9 | 0.7 |
| 食品、饮料、烟草 | 0.2 | 0.4 | 0.3 | 0.5 | 1.8 | 1.2 | 0.3 |
| 纺织、毛皮、鞋类 | 0.2 | 0.4 | 0.4 | 0.5 | 1.7 | 2.2 | 0.2 |
| 木材、木和软木制品 | 0.2 | 0.3 | 0.2 | 0.5 | 2.5 | 1.0 | 0.2 |
| 纸浆、纸张印刷和发行 | 0.2 | 0.3 | 0.3 | 0.4 | 3.0 | 3.1 | 0.4 |
| 化学 | 0.5 | 0.7 | 0.6 | 1.0 | 4.9 | 3.9 | 0.7 |
| 其他非金属采矿 | 0.6 | 0.7 | 0.7 | 1.3 | 6.1 | 6.9 | 1.0 |
| 钢铁 | 0.9 | 1.6 | 1.1 | 1.6 | 9.2 | 9.2 | 1.7 |
| 非铁金属 | 0.7 | 0.8 | N/A | 0.9 | 4.9 | 3.2 | 1.0 |
| 其他金属制品、机械设备 | 0.1 | 0.4 | 0.3 | 0.4 | 2.9 | 3.4 | 0.4 |
| 汽车、火车、轮船和飞机 | 0.3 | 0.4 | 0.3 | 0.4 | 3.0 | 4.9 | 0.4 |
| 其他制造业及循环产业 | 0.2 | 0.4 | 0.3 | 0.3 | 2.4 | 4.3 | 0.3 |
| 电、燃气和水 | 1.7 | 4.1 | 3.3 | 6.8 | 24.2 | 21 | 0.4 |

资料来源：Ahmad, N. and A. Wyckoff. Carbon Dioxide Emissions Embodied in International Trade of Goods [EB/OL]. OECD Science, Technology and Industry Working Papers, 2003/15, OECD Publishing. http://dx.doi.org/10.1787/421482436815.

根据 IEA《世界能源展望 2006》的统计，中国的普通钢、水泥、合成氨等高耗能产品的单位能耗要比最先进的国家分别高出 50%、60%、33%。而根据《中国人类发展报告 2010》的研究，中国能源密集工业产品能耗虽然从 2000 年到 2007 年有了明显下降，但是与国际先进水平相比仍然存在较大差距，而且有些行业的差距甚至在 50% 以上（见表 5-4）。

表 5-4 能源密集工业产品能耗的比较

| 能耗指标 | 中国 | | | 国际先进 | 2007年差距 | |
|---|---|---|---|---|---|---|
| | 2000年 | 2005年 | 2007年 | | 能耗 | （%） |
| 火电发电煤耗（千克煤当量/千瓦时） | 363 | 343 | 333 | 299 | 34 | 11.4 |
| 钢可比能耗（大中型企业）（千克煤当量/吨） | 784 | 714 | 668 | 610 | 58 | 9.5 |
| 电解铝交流电耗（千瓦时/吨） | 15480 | 14680 | 14488 | 14100 | 388 | 2.8 |
| 铜冶炼综合能耗（千克煤当量/吨） | 1277 | 780 | 610 | 500 | 110 | 22 |
| 水泥综合能耗（千克煤当量/吨） | 181 | 167 | 158 | 127 | 31 | 24.4 |
| 平板玻璃综合能耗（千克煤当量/重量箱） | 25 | 22 | 17 | 15 | 2 | 13.3 |
| 原油加工综合能耗（千克煤当量/吨） | 118 | 114 | 110 | 73 | 37 | 50.7 |
| 乙烯综合能耗（千克煤当量/吨） | 1125 | 1073 | 984 | 629 | 355 | 56.4 |
| 合成氨综合能耗（千克煤当量/吨）（大型） | 1699 | 1650 | 1553 | 1000 | 553 | 55.3 |
| 烧碱综合能耗（千克煤当量/吨）（隔膜法） | 1435 | 1297 | 1203 | 910 | 293 | 32.2 |
| 纯碱综合能耗（千克煤当量/吨） | 406 | 396 | 363 | 310 | 53 | 17.1 |
| 电石综合能耗（千克煤当量/吨） | NA | 3450 | 3418 | 3030 | 388 | 12.8 |
| 纸和纸板综合能耗（千克煤当量/吨） | 1540 | 1380 | NA | 640 | 650* | 101.6 |

注：*为2006年数据；国际先进是居世界领先水平的国家的平均值；钢铁、建材、石化、纸和纸板2006~2007年能耗为估算值。

资料来源：引自《2009/10中国人类发展报告》，中国对外翻译出版公司，2010年4月；2050中国能源和碳排放研究课题组. 2050中国能源和碳排放报告 [M]. 北京：科学出版社，2009.

从上述各种中外能耗排放和碳排放强度的比较可以看出，中国在多数行业中碳排放强度较高，不仅与发达国家差距巨大，与发展中国家相比也不具有明显优势。尽管近年来中国加大了节能减排力度，但与国际先进水平相比仍然有差距。而我国经济发展在很大程度上要依赖国际贸易和国际市场。中国加入世界贸易组织以来，外贸依存度不断提高，2003年首次超过50%，2006年更是高达67%，虽然此后逐步回落，但2011年依旧在50%以上。对外贸易对我国经济发展具有至关重要的作用，其中制造业对外贸易又尤为重要，钢铁、化工等高耗能产业的出口仍然占有很大的份额。以钢铁行业为例，国内铁矿石原料不足，大量依赖进口，而国内高能耗的低端钢铁产品产能过剩，又大量依赖出口，造成高耗能产业发展的一个困境。在这种情况下,如果发达国家从行业能耗标准或二氧化碳排放强度等角度制定低碳政策、提出要求,则我国外贸将会受到很大的影响,这种影响既有现实的,也有潜在的,既有积极的,也有消极的。

从欧盟、美国和日本的低碳政策可以看出,各国发展低碳经济主要通过以下几个方面来推动:一是制定战略,指明低碳经济发展方向;二是制订具体计划,配合财政资金支持,开发新能源、发展低碳相关技术;三是通过各种法规、标准,包括生态设计、提高能效标准、交通住宅等部门的能耗要求、生态标签要求等来具体落实低碳策略。此外,还试图通过边境调节措施、碳排放交易体系、排放许可交易或碳关税等形式跨越国界推广其低碳政策。

国外低碳政策对我国出口的现实影响体现在各种涉及节能减排的技术法规、标准以及合格评定程序的技术性贸易措施。这些措施对我国出口具有"双刃剑"的作用。一方面,对于技术达不到国外要求的企业来说,保持产品出口需要投入较多成本进行技术升级,或者自主研发,或者购买国外的技术或中间产品,经营成本会提高;另一方面,对于达到相关技术要求的企业来说,或者通过技术升级达到相关要求的企业来说,出口可能会增加。对于我国对外贸易而言,一方面国外技术性贸易壁垒会对我国出口产生不利影响,比如产品生产成本提高,利润减少等;另一方面也有利于我国提高出口产品的技术升级和产业结构调整。

国外低碳政策对我国出口的潜在影响具有一定的不确定性,取决于中国低碳政策和国外低碳政策效果的比较,主要涉及新能源的开发利用情况和各部门的低碳技术开发利用情况。从各国低碳战略的目标和实施情况看,新能源的开发利用和低碳技术的发展有可能在未来转化为低碳的技术法规或者标准,甚至可能以这些技术法规或标准为基础与其他的贸易限制措施相结合,如技术性贸易壁垒与边境调节税相结合来限制我国产品出口。例如,欧盟、日本、美国和中国都提出要提高能源利用效率,并给予政策或资金支持。谁的能效提高的时间早、幅度大,谁就可能将能源效率法规化或标准化,从而对其他国家产品出口到该国产生不利影响。目前美国、欧盟都在酝酿征收碳关税,虽然目前从操作层面仍存在很多困难,但随着低碳技术的发展,碳关税可能以技术性的方式出现,这将对我国对外贸易产生较大的影响。

## (二) 国际规则变化对我国对外贸易的影响

国际规则的变化将直接导致国际格局的变化。低碳经济的发展给国际贸易规则带来的变化最重要的在于环境产品和服务自由化的问题,当前进入环境产品和服务清单的很多产品是发达国家已经具有优势的产品和服务,关税和非关税措施的取消会给这些国家的这些产品和服务创造更大的市场需求,对其竞争优势的发挥非常有帮助。面对国外低价产品的竞争,我国可能会大量进口此类产品和服务而不再开发自己的产品,从而失去发展竞争优势的机会,而直接被国外低碳产品和服务占领国内市场,从而丧失该领域的贸易竞争力。

在贸易规则方面,对于低碳产品和低碳技术开发所采取的补贴做法是否符合WTO规则也会影响一国的竞争优势。比如,美国对我国新能源产品的"301调查",就反映出WTO规则对于我国低碳产品出口的影响。

此外,国际组织、跨国公司制定的行业或企业性质的私营标准,通过供应链管理等方式也将影响我国产品和服务的出口,影响我国对外贸易竞争力。

## (三) 我国低碳经济发展对对外贸易的影响

根据国家竞争优势理论,我国低碳经济发展影响国家竞争优势主要是两个方面:一是政府通过政策、法规和其他做法而对钻石体系的四个核心要素产生影响,从而影响贸易;二是政府通过影响国际规则的制定来影响贸易。从我国低碳经济发展情况看,政府出台的各项低碳政策和做法对于营造良好的低碳环境发挥了较好的作用,低碳理念在我国得到了较好的推广，但是从当前情况看，这种低碳理念的推广并没有转变为低碳购买力，即很多消费者不会通过其自身的购买和需求来影响低碳产品和服务的推广。但是，我国政府积极推动经济向低碳转型的做法给产业界发出了一个比较清晰的信号，会引导资源向低碳领域转移，因而会带动生产要素条件、支撑产业和相关产业及企业竞争朝着有利于竞争优势的方向发展，而且通过低碳产业集群的作用，可以创造出某一领域的竞争优势和竞争力。

我国政府还可以通过将我国的低碳做法推广到其他国家，特别是一些与我国条件相似的发展中国家来实现我国贸易的竞争优势。比如政府可以通过与发展中国家签署双边贸易协定，并在贸易协定中将我国具有优势的产品和服务的规则纳入进来，这样通过一个区域或双边的贸易规则，可以将对我国产品的需求扩展到全球，带动我国贸易利益的实现。

## 三、与低碳经济有关的贸易摩擦

随着低碳经济的发展，我国具有竞争优势的低碳相关产品开始遇到来自国外的贸易摩擦，这给我国相关产品出口带来了不利影响。

### （一）美国向WTO诉中国风能设备补贴案

2010年9月9日，美国钢铁工人联合会按照《1974年美国贸易法案》第301节的规定，向美国贸易代表办公室提交了长达5800页的诉状，要求美国贸易代表办公室（USTR）针对中国可替代和可再生能源领域的补贴政策与实践做法发起"301调查"。在申请书中，美国钢铁工人联合会搜集近6000页材料，指控中方在清洁能源领域共70项政策措施，主要包括五类：一是限制外国公司获得关键原材料（如稀土和其他矿物质）；二是以出口实绩或当地含量为条件的禁止性补贴；三是对进口货物和外国企业的歧视性做法,包括:对风力、太阳能工厂实施国产化率要求,对国内风力公司的优待,排除承揽减排项目的外国公司使用碳权,对国有企业供应商实施国产化率要求;四是强制要求外国投资者转让技术;五是为发展绿色科技提供扭曲贸易的国内补贴。申请人称,上述政策和措施违反世界贸易组织相关规定,提请美贸易代表办公室将这些政策和措施诉诸世界贸易组织。① 2010年10月15日,美国贸易代表柯克宣布对中国清洁能源政策措施发起"301调查",调查范围涉及中国的风能、太阳能、高级电池及节能汽车等行业,并将最多延迟90天向中国政府提出WTO项下的磋商请求。10月20日,美贸易代表办公室又发布此案征集公众评议的公告,书面评论意见截至美国当地时间11月15日下午5点。② 美方决定展开"301调查"后,中国商务部、国家能源局、可再生能源协会和相关企业纷纷表示强烈反对。2010年11月15日,中国政府、中国机电产品进出口商会、中华全国工商联合会新能源商会以及中国光伏产业联盟分别向美贸易代表办公室提交评论意见,驳斥美申请书中的不实指控。商务部进出口公平贸易局负责人认为,美国启动对华清洁能源政策措施"301调查"向外界发出了贸易保护主义的错误信号。

2010年12月22日,美国宣布该调查的最终决定,称中国《风力发电设备产业化专项资金管理暂行办法》中的补贴内容涉嫌违反世界贸易组织《补贴与反补贴措施协定》规定的禁止性补贴,并提起世界贸易组织争端解决机制项下磋商请求。2011年1月6日,美国向WTO提交了磋商请求文书,指出"财政部关于印发《风力发电设备产业化专项资金管理暂行办法》的通知,及其附录《风力发电设备产业化专项资金管理暂行办法》,向在中国制造风能设备的设备制造者提供补贴、资金或奖金等;美国指出,中国对使用国内产品给予的补贴要多于使用进口产品给予

---

① 商务部公平贸易局. 美国对华清洁能源"301调查"情况[EB/OL]. 商务部网站, http://gpj.mofcom.gov.cn/aarticle/cx/cu/201105/20110507544365.html, 2011-05-05.
② 商务部公平贸易局. 美国贸易代表办公室对中国清洁能源政策发起"301调查"[EB/OL]. 商务部网站, http://gpj.mofcom.gov.cn/aarticle/subject/mymcyd/subjectll/201011/20101107221043.html, 2010-11-02.

的补贴,违反WTO《补贴与反补贴协定》(SCM协定)的第3条规定。另外,美国认为,由于中国没有通报这些措施,因而看起来是违反了GATT第XVI:1条款关于补贴的一般规定和SCM协定的第25.1、25.2、25.3和25.4条款。美国声称,因为中国没有将这些措施翻译成一种或者更多种类的WTO官方语言,因此也没有遵守中国'入世'协定第一部分的1.2条款"。① 2011年1月12日,欧盟要求加入磋商,1月17日,日本也要求加入磋商。

中国商务部条法司表示"中国有关发展风能的措施有利于节能减排和保护环境,是实现可持续发展的重要手段,也是符合世界贸易组织规则的;中方将认真研究美方提起的磋商请求,根据世界贸易组织争端解决规则处理,并保留相应的权利"。

经过磋商,2011年2月21日,中国财政部取消风电补贴。2011年6月1日,商务部发言人姚坚在例行发布会上证实了中国同意停止对使用国产部件的风电企业提供补贴。该案件以中国取消风能补贴结案。

## (二) 美国对中国光伏电池和组件发起"双反"调查

2011年10月19日,德国光伏企业Solar World美国分公司牵头联合其他6家匿名企业向美国商务部和美国国际贸易委员会(ITC)正式提出申诉,要求美国政府向中国出口美国的光伏产品进行反倾销和反补贴"双反"调查,并征收超过10亿美元的关税。② 2011年11月8日,美国商务部和国际贸易委员会就此举行了听证会,随后的11月10日,美国商务部决定,暂不接受德国光伏企业Solar World美国分公司与美国太阳能制造联合会(CASM)针对中国光伏企业"双反"的立案要求,延迟20

---

① WT/DS419/1. China-Measures Concerning Wind Power Equipment [EB/OL]. WTO website, http://docsonline.wto.org/GEN_viewerwindow.asp? http://docsonline.wto.org:80/DDFDocuments/t/WT/DS/419-3.doc, 2011-01-06.
② 严凯. 美"双反"调查升级 涉及中国光伏企业多达70余家 [EB/OL]. 经济观察报, 2011-11-18, http://news.hexun.com/2011-11-18/135382660.html.

天后再做决断。① 2011年12月2日,美国国际贸易委员会投票通过对中国光伏产品继续进行"双反"调查,认定中国输美太阳能电池对美相关产业造成实质性损害,并将对原产于中国的晶体硅光伏电池作出反倾销和反补贴调查初裁。随后,中国表示将对美国可再生能源支持政策进行贸易政策调查。2012年1月和2月,美国多次推迟"双反"调查裁决,2月28日,美国商务部证实决定将对光伏"双反"调查公布日期再次推迟至3月20日。

美国针对中国光伏产品的"双反"调查涉及光伏产业上下游的利益,包括美国多晶硅生产企业的利益,美国对中国光伏电池和组件的反倾销和反补贴措施将使美国的多晶硅生产企业受损,因此,美国在作出裁决时也面临来自美国国内的压力。针对低碳发展和新能源产业,各国都有补贴,美国本身也对其国内的可再生能源进行补贴,美国的"双反"调查也可以理解为美国在为本国竞争创造机会。

### (三) 美国对中国风电塔发起"双反"调查

美国对中国风电补贴的WTO诉讼刚结束没多久,美国又发起针对中国风电塔的反倾销和反补贴"双反"调查。

2011年12月底,美国风电塔联盟向美国商务部及美国国际贸易委员会提出申请,宣称中国企业获得政府补贴,以低于成本的价格在美国进行倾销,要求对出口自中国和越南的应用级风电塔产品发起"双反"调查。2012年1月18日,美商务部正式宣布对中国输美应用级风塔发起反倾销、反补贴合并调查,这是继光伏之后,中国清洁能源产品又一次遭遇美国"双反"调查。根据本案调查时间表,美商务部于2012年5月30日和7月27日分别作出补贴和倾销初裁。

---

① 李跃群. 美国商务部暂缓立案中国光伏"双反"[EB/OL]. 东方早报, http://finance.qq.com/a/20111110/006298.htm, 2011-11-10.

从美国对中国光伏产品和风能产品的"双反"调查可以看出,中美两国在新能源领域的竞争越来越激烈,而新能源领域的贸易保护和贸易摩擦也呈上升趋势,未来新能源领域的竞争规则也需要进一步明确。

从应对气候变化的角度看,各国在国内所做的任何努力都应该是值得赞赏的,特别是政府出资支持一些低碳项目,原则上是可以接受的。但是为了应对气候变化而做出的努力还要符合 WTO 规则才行,这也需要国际应对气候变化努力和 WTO 规则之间的进一步协调。未来,在低碳竞争领域的国际规则将随着贸易摩擦的增多而被提上议事日程,并有可能建立新的低碳领域的国际竞争规则,而这种国际规则的建立又反过来将影响各国的竞争优势,我国应及早关注,早做准备。

# 第六章 利用低碳经济发展契机实现外贸可持续发展的建议

低碳经济条件下,一国的竞争优势将最终反映到该国低碳贸易和国际投资上,如何发挥政府、企业和社会各界的力量,促使我国低碳经济发展能够促进我国对外贸易的可持续发展是需要解决的问题。

波特的国家竞争优势理论反对政府参与产业竞争,并且反对产业政策,认为产业政策会扭曲竞争力,因此,国家应放弃重点扶持某些特别产业的做法,而是应该对所有的产业集群一视同仁。波特认为,政策的主要角度应该是改善生产率增长的环境,靠制定规则和政策来促进企业升级和创新,比如改善企业投入要素和基础设施的质量和效率等。而低碳经济条件下,这一做法却存在问题。首先,气候变化是一个全球性问题,存在严重的外部性,如果没有强有力的政府推动,企业自身低碳发展的动力不足;其次,当前各国低碳经济发展主要还是靠政府推动,主要国家都有支持新能源和低碳产业发展的政策支持,并且很多国家明确把新能源产业或低碳产业作为重点发展的产业,作为未来新的增长点和竞争点,在这种情况下,为了营造公平的竞争环境,也需要有政府的参与和支持。

但政府的参与并不是不受限制的参与,正如波特国家竞争优势理论所坚持的,钻石体系自身的运行对于竞争优势的形成具有更加重要的意义。因此,我国应明确政府在促进低碳经济发展和对外贸易发展方面的作用,引导、鼓励企业低碳发展,而非直接参与企业和产业的低碳发展;要通过科研、教育培训等改善企业竞争所需要人才、技术等生产要素条件,营造有创造力的竞争环境,使得钻石体系可以在一个良好的环境下自由发挥作用。

基于前文低碳经济对国际贸易影响的作用机理、影响路径和方式的分析,以及低碳经济对我国对外经贸的影响的三个层面(低碳发展本身所带来的竞争力、国外技术法规等机会事件以及国际规则的影响),本章根据修订的国家竞争优势理论,将从对外贸易可持续发展的角度提出低碳经济应包含的与贸易有关的战略、政策和内容;从创造国家竞争优势的视角出发,提出我国利用低碳经济发展来促进外贸发展的对策建议。对于低碳经济本身的发展,国家"十二五"规划纲要已经作出了较为全面完整的规划,其中很多提法和做法对于我国获得新的竞争优势非常重要,如关于碳税、碳排放交易体系、碳金融等方面的规划等,这里将不做过多赘述,主要从对外经贸的角度来提出对策建议。

# 一、我国低碳发展战略和政策应与对外贸易可持续发展战略相结合

低碳经济发展与对外贸易发展可以相互影响、相互促进。低碳经济发展为对外贸易发展开辟了新的领域,低碳产品、技术和服务的国际贸易反过来也可以促进一国低碳经济更好的发展。低碳经济发展为我国对外贸易结构调整和增长方式转变提供了机遇,对外经贸发展也可使得国内低碳发展的效益最大化。我国在制定战略和政策时,应将低碳发展和对外贸易发展有机结合起来,以低碳发展促外贸发展,以外贸发展进一步拉动低碳经济发展。

## (一)将对外经贸发展纳入我国低碳发展战略之中

开放经济条件下,国内市场与国外市场紧密相关,国内低碳经济发展

## 第六章 利用低碳经济发展契机实现外贸可持续发展的建议

也将对国际市场产生影响,企业正是在这种相互影响下寻求商业机会,实现竞争优势。当前我国低碳经济发展主要是针对国内市场,包括国内企业的节能减排、国内低碳城市建设、低碳交通、低碳建筑等,没有与国际贸易利益结合起来考虑,缺少从全球市场来考虑低碳发展问题。这样不利于我国企业从全球视野来看待低碳问题和竞争问题。

从欧盟和美国的经验看,欧美在制定低碳战略和政策时,目标都是全球市场,欧盟明确将低碳经济发展作为其在新一轮全球竞争中获得优势的重要突破点,美国也在新能源和可再生能源方面摩拳擦掌,扩大对外贸易和就业。我国也应该将我国经贸问题纳入到我国低碳发展战略和政策中,至少要在考虑低碳经济发展的同时考虑到对外贸易问题,将低碳经济发展与对外贸易发展结合起来考虑,使得低碳战略和政策的出台有利于我国对外经贸的发展。

作为外贸出口大国,对外贸易在中国经济社会发展中具有不可替代的作用;同时,对外贸易货物的制造和运输过程中的碳排放也是我国二氧化碳排放的重要来源,中国要实现低碳发展,也离不开对外贸易部门的低碳化发展。因此,中国低碳经济发展一定要和对外贸易结合起来,国家在制定低碳经济发展战略时,应当考虑贸易部门的利益得失和竞争力问题,要考虑如何在实现国内节能减排的同时促进对外经贸的发展。例如,在制定低碳规则时要考虑该规则是否符合WTO规则,是否会对特定产业的进出口产生影响,是否会影响我国在该领域的竞争力等;低碳技术的开发利用也要考虑主要出口产业部门的情况,特别是碳排放较高、吸纳就业量大的行业,确保不因为低碳发展而大幅度影响我国贸易利益,影响劳动力就业。

将对外贸易纳入到我国低碳发展战略之中也意味着应利用对外经贸活动来实现低碳发展。比如通过对外贸易进口引进低碳发展急需的技术、设备和管理模式;通过吸引低碳领域的外商投资来吸引资金和技术,推动国内的低碳发展;通过低碳产品和技术的出口来将国内剩余的低碳产能转移出去,扩大我国在低碳国际市场上的影响力和竞争力,同时也可以把我国的低碳理念和做法随产品和服务传递出去,以此来进一步影响国外消费者的选择；将农业固碳与农产品对外贸易结合起来，适当限制农产品进口，扩大国内农产品自给率，同时也推动国内碳减排的多样化。

## （二）低碳发展应当为对外贸易可持续发展战略服务

从低碳发展的侧重点看，除了要实现节能减排和环境保护之外，还要促进国内经济社会的发展，包括对外经济贸易的发展。当前我国低碳发展更多地关注国内层面，而较少考虑国际层面，在战略上处于弱势地位。我国应充分利用低碳经济发展的机遇，利用国家对低碳经济发展的投入，同时实现对外贸易的利益，实现外贸可持续发展。低碳发展在对外贸易领域要重点关注我国具有传统比较优势且就业量大的行业，以及对我国国民经济发展至关重要的行业，投入更多资源进行低碳技术攻关和产品创新，引导行业进入低碳竞争状态，实现低碳竞争优势。重视这些行业的低碳发展对于保持我国的竞争优势、维护我国的传统市场、稳定国外市场并寻求进一步拓展国际市场具有重要意义。

国内低碳发展还应当促进我国对外贸易结构调整和外贸发展方式转变。"十二五"规划纲要提出，我国要优化对外贸易结构，"继续稳定和拓展外需，加快转变外贸发展方式，推动外贸发展从规模扩张向质量效益提高转变、从成本优势向综合竞争优势转变"。我国国内低碳发展应当为我国对外贸易战略需要服务，通过低碳发展，培育新的出口竞争优势，开发低碳高效的出口产品；通过节能减排，降低对外贸易出口部门的碳强度和碳排放量，使我国出口产品碳足迹更低，实现更多低碳产品和服务的出口；限制高污染、高能耗和资源密集型产品的国内生产和销售，减少此类产品的出口。

## （三）低碳发展应当有助于我国"走出去"战略的实施

"十二五"规划纲要要求加快实施"走出去"战略，深化国际能源资源开发和加工互利合作。支持在境外开展技术研发投资合作,鼓励制造业优势企业有效对外投资。我国低碳经济发展应当有助于我国落实"走出去"战略,因此,需要从战略和政策层面认识低碳经济对我国"走出去"战略实施的意义,研究二者的契合点,实现相互促进共同发展。

全球低碳经济发展为低碳产业"走出去"提供了机遇,也为在节能减排领域具有优势的企业"走出去"创造了条件。我国低碳经济发展虽然起步较晚,与欧盟、日本等发达国家相比还有差距,但是与多数发展中国家相比,还具有较大优势。我国可以利用"走出去"的机会,将我国的低碳产品、技术和服务输出,这既可以支持其他发展中国家节能减排、低碳发展,也可以把我国的标准和做法输出出去,从而影响当地市场的需求,实现我国有优势的低碳产品、技术和服务的需求市场从国内扩展到国外。在低碳经济发展过程中,应从全球市场和"走出去"的角度来制定战略、政策和做法,做好整体布局,引导企业将低碳发展与"走出去"结合起来,从而更好地落实"走出去"战略,实现经济利益和环境利益的共赢。此外,低碳技术研发层面也可以针对发展中国家面临较多、较普遍的问题展开,注重成本效益,尽可能选择低成本的改进方案,既可以为我国自己的低碳发展服务,也可以为未来"走出去"奠定基础,并且在这样的领域,我国可能会比发达国家更具有优势,原因也在于我国与其他发展中国家情况更相近,能低成本解决他们面临的问题。

## 二、结合中国国情发展低碳经济,提升我国低碳竞争优势

发展低碳经济,最终目的是实现经济、社会和环境协调可持续发展,为此,就需要结合经济、社会和环境的现实条件,提出低碳发展的对策。对欧盟等发达经济体而言,其经济、社会发展程度高,环境压力小,已经

进入后工业化时代,高耗能工业逐步移出,能源消费相对成熟,其发展低碳经济的主要目的是实现能源安全、创造新的经济增长点和竞争优势,同时减少二氧化碳排放。这样既可以展现其在全球气候问题中的责任,也可以制定新的游戏规则,实现其利益。对于我国来说,低碳发展的基础和条件与发达国家有较大差距,低碳发展的目标和任务与发达国家有相似的地方,也有差距,我国应该结合自己的国情来制定合适的低碳发展模式,且这种低碳发展模式还必须能够营造一个良好的创新环境和竞争环境,培育新的低碳竞争优势。

## (一) 低碳发展应全面考虑经济、社会和环境的发展现状、特点和需要

我国作为发展中国家,经济发展水平相对较低,发展的任务重,工业化和城市化进程仍需继续推进,制造业在国民经济中的地位又不可替代,且我国的能源结构、人口和环境条件也与西方发达国家有较大差别,因此发展低碳经济的起点和任务与发达国家应有所区别。这就需要我国制定出既适合我国经济社会发展水平,又适合我国人口、资源和环境状况的低碳发展策略,一方面积极对待低碳经济时代的到来,把低碳化作为经济发展的重要因素予以考虑,使低碳发展能够创造出新的竞争优势;另一方面要理性发展低碳经济,避免重复建设或者以牺牲其他资源(如水资源或者粮食资源等)为代价的低碳发展模式。

我国人口众多,就业压力大,劳动密集型产业对于解决就业和经济发展具有重要的作用。一直以来,我国劳动密集型产品出口具有较高的比较优势,但近年来,国外关于人权和劳工标准的验厂和审核不断增多,国内对于劳工权益的关注也不断增加,使得我国不断提高劳动保护程度和工资水平,劳动力成本上升,这在一定程度上影响了我国劳动密集型产品的竞争优势。我国在发展低碳经济时,应将人口因素作为重要因素考虑进来,使得人力资本能够在低碳经济中发挥更大效益,既可以减少碳排放,也可

## 第六章 利用低碳经济发展契机实现外贸可持续发展的建议

以缓解国内就业压力,更好地促进外贸转型。

从资源条件和能源结构看,我国人均资源占有率较低,能源结构以高碳排放的煤为主,石油和天然气大量依赖进口,向低碳转型压力更大。但这种压力也可以转化为动力,促进我国煤炭低碳化发展,从而形成新的竞争优势。我国在低碳发展过程中,除了加大新能源和可再生能源的开发利用外,还应该正视煤炭占能源供给主导地位的现实,加大对煤炭低碳化的科学研究和技术攻关,从循环经济的角度引导煤炭低碳化方面的创新。如果在这个问题上能有所突破,则可以成为我国一项非常强的竞争优势,并且可以在其他以煤炭资源为主的国家推广。

从我国环境现状看,当前环境污染形势严峻,各类污染物排放依旧很多,大气污染、水污染和固体废弃物污染都很严重。比如,工业产生的二氧化硫等对环境直接影响更大的污染物排放问题仍然没有解决;作为缺水国家,水污染严重,农业用水和生活用水压力大,水资源非常短缺。在这种情况下,我国低碳发展必须综合考虑各种环境问题和资源分配问题,一方面要积极开发新能源;另一方面也要避免新能源带来更严重的环境影响,比如开发生物质能带来水资源和土地资源的短缺及粮食安全问题、鼓励新能源产品导致老产品过早淘汰带来的废弃物处理问题等。在应对气候变化和低碳发展方面,要从现实情况和需要出发开展研究和创新,避免盲目跟从国际的做法,要发展适合发展中国家情况的低碳产品和技术。还要从生命周期的角度来评估低碳产品的环境影响,并从源头设计开始将低碳和其他环境问题纳入进来,从原材料到最终产品,从生产过程到消费再到最终废弃,都要考虑节能减排,真正实现碳足迹的减少。

此外,我国在发展低碳经济的过程中要充分考虑消费者的特点、消费习惯以及消费环境。我国居民收入差距大,人均收入不高,因此在选择商品时会更看重产品价格和质量,对于产品是否是低碳环保的,是否有助于节能减排等不关心,也不愿意为此去支付更高的价格。一些农村地区用电成本高,用电环境相对较差,使得很多消费者低价购买用能产品后高价消费,或者购买用能产品后使用率不高,这些都不利于节能减排的落实。这一方面需要加强对消费者的教育和引导；另一方面也需要在开发低碳产品和服务时，引入生态设计的理念，从源头减少温室气体排放。政府在制定低碳政策时，应充分考虑各个利益相关方的利益，实现平衡和协调发展。

## （二）低碳经济发展应有助于国家钻石体系发挥作用，提升国家竞争力

低碳经济对贸易的影响通过钻石体系发挥作用，因此，我国在发展低碳经济的过程中，要努力营造良好的竞争环境和创新环境，努力实现钻石体系自身的良性运行。

1. 政府——鼓励创新，营造良性竞争环境

政府在低碳经济发展过程中要发挥引导和支持的作用，制定合适的政策法规并采取适当的措施，推广低碳理念，引导全社会低碳发展，形成大的低碳发展环境；引导和鼓励低碳领域的科研和创新活动；为低碳领域的竞争创造宽松和公平的环境；引导和鼓励低碳需求，充分发挥市场机制的作用，用市场来引导资源的分配；有条件地制定产业发展政策，鼓励产业集群的形成；支持和鼓励新能源的开发利用，推动低碳领域的教育和培训，提供低碳领域的信息交流平台，扩大知识共享。国家在促进低碳发展和低碳竞争中要特别注重对知识产权的保护，也要注重利用知识产权来推动创新。要重视对国外低碳技术专利的研究和开发，在先进技术的基础上进行延伸创新，对一些可能对我国未来低碳经济发展产生重大影响的知识产权进行预警。在这一方面，应充分利用国家知识产权局所拥有的专利信息资源，在国家科研经费中设置专项基金用来支持专利信息的社会化服务，改善创新环境和条件。

2. 生产要素条件——重视人才培养，加大科研和创新投入

从生产要素条件看，低碳经济发展需要大量的专业技术人员，需要大

量的科研和创新投入，也需要有清洁能源作为原材料使用，提升低碳发展的整体水平。为此，国家应加大教育和科研投入，引导低碳领域的科研和人才培养，吸引更多优秀人才投入低碳领域，从多个层面改善生产要素条件。

3. 需求条件——舆论引导，政府带头低碳产品、技术和服务的采购

从需求条件看，要创造低碳需求。政府本身可以作为重要的低碳产品和服务的采购方，通过政府采购引导企业的低碳发展和社会公众的低碳消费。政府还可以通过消费者教育、媒体的舆论引导来提高消费者对低碳产品的认识和需求，使消费者愿意也有能力选到真正的低碳产品，为企业低碳发展创造良好的需求条件。另外，作为以煤炭为主要能源的国家，从能源的角度来看，企业对能源的低碳化需求非常大，政府可以通过技术性手段来对以煤炭为主要能源的企业施加压力，促进该领域的创新。

4. 相关产业和支撑产业——因地制宜，鼓励低碳产业集群的发展

从相关产业和支撑产业看，要鼓励低碳产业集群的发展，以充分实现支撑产业和相关产业的积极影响。国家可根据低碳相关产业的发展现状及地区经济发展规划，选择合适的地区和产业，提供必要的支持条件，鼓励低碳产业集群的发展，特别是通过市场机制和规划引导双重作用，来实现内生性的低碳产业集群。

5. 企业战略、组织结构和竞争条件——引导企业低碳化发展，通过技术法规和标准来进一步规范企业的竞争

从企业战略、组织结构和竞争条件看，政府部门、行业协会和企业可以合作出台企业低碳发展指南，引导企业将低碳发展作为重要战略纳入企业的日常运营，并将低碳竞争作为竞争的重要内容。政府也可以通过制定

低碳技术法规和标准,从技术的角度对企业提出要求,从而给企业带来一定的压力,促使其创新。

政府在出台相关的政策和措施时应避免直接干预企业间的竞争,或者制定歧视性的政策和措施,而是要充分考虑各利益相关方的利益,为竞争创造公平的环境。在处理国内竞争和国际竞争时,政府应当实施内紧外松的做法,对内严格要求,营造紧张的低碳竞争氛围,给企业以压力,促使其创新;对外则要争取宽松的条件,为企业技术革新赢得时间和空间,营造良好的大环境。

尽管国内竞争对于一国国家竞争优势的创造至关重要,但竞争也会造成资源的浪费和过度消耗,在低碳经济条件下,资源浪费就意味着过多的温室气体排放。另外,竞争也并非万能,低碳经济发展处于起步和发展阶段,面临很多新问题,低碳产业和低碳相关产业仍处于较快变化阶段,竞争的作用相对较小,因此政府应对产业发展给予合理的引导,引导企业关注问题的解决,而不是竞争,这也可以使有限的资源用到更关键的地方,避免不必要的资源内耗和浪费。

## 三、积极参与低碳国际规则的制定

国际规则对于国际贸易的发展至关重要,我国对外经贸发展也离不开国际规则提供的环境。这个国际规则,既包括贸易层面的规则,如WTO规则,也包括环境层面的,如《联合国气候变化框架公约》体系下的规则;既涉及如WTO规则等具有法定约束力的规则,也涉及国际标准、国际范围的行业标准等非官方层面的规则;既涉及多边层面的,也涉及双边和区域层面的,如区域性贸易协定中的贸易与环境规则。低碳经济发展带来的新问题,使得传统的国际规则受到挑战,新的国际规则如何制定,朝哪个方向发展,都会直接或间接影响我国外经贸的发展。因此,我国应积极参与并影响国际规则的制定。下面将从气候变化规则、WTO 规则、区域和双边贸易规则、国际标准、国际私营标准、全球价值链和产业链中的低碳规则等角度，探讨我国参与规则制定并利用规则促进外贸发展的思路与建议。

## （一）积极参与多边贸易与环境规则的制定，并有效利用 WTO 规则和气候变化规则

与低碳经济条件下国际贸易发展相关的多边国际规则主要有两个层面：一是环境层面，主要是联合国气候变化框架下的气候变化谈判；二是贸易层面，主要是指 WTO 多哈回合谈判。目前二者都仍在进行中，究竟能达成什么样的有法律效力的协议仍然未知。中国应利用多边贸易机制和多边环境协定赋予发展中国家的权利，积极参与谈判，并争取对我国有利的国际规则。

1. 环境层面的国际规则——后京都时代的气候变化规则

《联合国气候变化框架公约》和《京都议定书》赋予发展中国家特别的权利，即以发达国家提供资金和技术支持作为履约前提，在共同但有区别的责任这一原则下自愿控制温室气体排放。我国应充分利用这一权利，一方面，在国际组织打好"共同但有区别的责任"及"发达国家对发展中国家资金和技术支持"这两张牌，争取发达国家对我国的技术和资金支持，以有利于我国有充足的资金和技术来发展低碳经济；另一方面，也要认识到发达国家对于资金和技术支持的问题并不情愿，寄希望于发达国家并不现实。在这种情况下，应在国内积极开展相关技术研发，并加强与其他国家之间的合作，包括联合开展新能源和低碳技术的开发，以此来增进互信，同时降低开发费用，并尽快实现技术升级。这种联合开发也为未来制定统一的标准奠定了良好的基础，为国内低碳经济的发展创造好的条件。同时，我国还应加大民间机构（包括行业协会、企业及非政府层面）

的国际合作，开展民间低碳外交，结成利益共同体，以此来推动多边层面环境规则谈判中对我国有利的条款获得更多理解和支持。

## 2. 贸易层面的多边国际规则——WTO规则

多哈回合谈判有多个议题涉及低碳经济和贸易：

（1）贸易与环境议题谈判直接涉及低碳产品和服务的清单，WTO成员国将对清单上的产品和服务实施贸易自由化政策，取消关税和非关税措施，这种贸易规则的变化将直接对低碳产品和服务的贸易产生影响。

（2）农业谈判除了会影响在商品分类中被列为农产品的生物燃料这种可再生能源的问题外，农业谈判中的非贸易关注和农业多功能问题也将直接影响低碳经济的发展和国际贸易，低碳经济中农业固碳是减少温室气体排放的一种重要形式，在很多国家都得到重视和认可，如果农业多功能问题得到肯定，则将不利于各国减少对农业部门的保护。

（3）非农谈判涉及非农产品的市场准入问题，涵盖包括工业制成品、森林产品等在内的所有非农产品（现在生物乙醇作为生物燃料已经不再是农产品，是非农谈判管辖范围），谈判的内容既包括关税问题，也包括非关税壁垒，如TBT和SPS问题，这方面的谈判将对低碳条件下的国际贸易产生很大的影响。当前欧盟等发达经济体以应对气候变化为由制定了很多法规、标准和合格评定程序，这些措施对我国产品出口欧盟产生了较大的影响，也带来了成本的上升，但由于TBT具有合理性，我国也只能通过提高自身来应对。

此外，低碳经济发展过程中出现的贸易摩擦和争端，各种非关税壁垒也引起了WTO的关注，未来对低碳领域，特别是新能源领域的反倾销、反补贴及技术性贸易壁垒等内容也有可能会做进一步的调整，以适应低碳经济的环境。

对于WTO谈判的各个相关议题，我国应从国内低碳发展的现状和国情出发，综合考虑"十二五"发展规划和重点支持的产业，认真研究，争取对我国最有利的条款。

## 第六章 利用低碳经济发展契机实现外贸可持续发展的建议

对于贸易与环境议题，我国应谨慎对待贸易产品和服务清单。一方面，要努力将我国具有竞争优势的环境产品和服务，及未来可能具有竞争力的产品和服务列入到清单之中；另一方面，也要防止环境多功能产品跟随环境清单被加入到自由贸易的行列，使得这部分产品以环境产品或者低碳产品的名义自由进入我国市场，而实际用于其他方面，从而影响我国的贸易利益。

对于农业谈判和非农谈判，我国加入世界贸易组织的谈判已经把农业和非农关税平均水平降到很低，多哈谈判如能进一步降低关税平均水平，对我国来说是有利的。对于农业谈判中的非贸易关注，我国也应该给予高度关注，研究该问题对我国农产品贸易、农业固碳及农村就业和发展的影响；对于非农产品市场准入问题，涉及面广，且不仅涉及关税问题，也涉及非关税措施，也应从低碳经济发展和低碳产品贸易方面加以研究，以更好地趋利避害。我国应密切关注 WTO 对非关税壁垒的调查和下一步可能进行的调整，随时参与并影响 WTO 新规则的制定。

### （二）利用区域性贸易协定来促进区域内低碳贸易的发展

当前，多哈回合谈判进展缓慢，而区域性和双边自贸协定快速发展的时期，我国应积极利用双边和区域性贸易协定，来促进低碳发展。当前越来越多的双边和区域协定中将环境问题作为重要的内容纳入进来，欧盟和美国已经在很多自贸协定中加入环境条款。我国也应积极利用自贸协定，将低碳发展融入到自贸协定之中，根据签约对象国的不同，采取不同的措施，来统一国家之间有关低碳环保的做法，包括协调在国际环境公约和 WTO 之中的立场，相互认可或协调环保标准和做法等；也可以利用这种双边或区域性贸易协定，将我国的低碳标准和做法推广到其他国家，以更好地扩大我国低碳产品和服务的市场，同时也可以为全球环境改善作出贡献。

## (三) 积极参与低碳领域国际标准的制定

技术法规、标准和合格评定程序是低碳经济影响贸易的重要手段，而且很多技术法规、标准和合格评定程序是直接针对企业或产品的，相对比较微观而具体，对企业竞争力和贸易将产生实实在在的影响。国际标准在标准中具有重要地位，国际标准化组织 ISO 和国际电工组织 IEC 等国际机构制定的标准具有国际标准的性质，在 WTO 具有重要地位，对于各国制定国内技术法规、标准都具有一定的影响，受到很多国家的重视。我国应积极参与国际标准的制定，特别是在新能源、能效标准、碳排放核算等低碳领域的标准。此外，我国还可以通过与我国签署双边自贸区的国家来输出我国的标准，逐步扩大我国标准的影响，或者相互协调形成地区或区域低碳标准。

在国际标准的制定中，还应特别注意标准中的专利和知识产权问题。因为当前国际标准的制定是以多国多利益相关方参与的方式，很多国家或企业会将自己的专有技术包括在标准之中，或者说这些国际标准中可能隐含着一些知识产权问题。如果未来该标准得以通过，其他国家或企业要使用这个标准，就需要用到这些专利或专有技术，可能就需要花费更多成本来满足知识产权要求，或者避免知识产权纠纷，这也会对贸易产生影响。

## (四) 重视国际范围内的私营标准及供应链中的低碳规则

在诸多国际规则中，还有一类既不是国际法，也不是国际标准，是由非官方层面制定的。这类低碳标准或规则不具有法律效力，但是却会产生实实在在的影响，其往往被用于供应链管理之中，从而对贸易产生影响，而这种影响又不属于政府通报的范畴，影响不可估量，目前已经开始受到 WTO 的关注。这些国际规则包括民间非政府组织开发制定的低碳倡议和指南，大型零售企业和品牌商在供应链中推行的低碳规则，以及国际范围内的行业性低碳标准或要求。我国应高度关注这类倡议，为企业提供相应的信息和必要的培训，并鼓励中国的民间机构和行业组织积极参与到此类私营标准的制定过程之中，并提出自己的意见，影响这类规则的制定。

当前急需我国关注的一个内容是航空领域和航海领域的低碳规则。欧盟航空碳税的实施对国际航空业的低碳规则提出了要求，在缺乏国际规则的时候，欧盟采用单方规则遭到了全球的反对，而问题的解决最有可能的是达成国际认可的解决方案，至少是全球航空业认可的方案，这也将导致国际航空业低碳规则的出台，并对全球航空业的发展产生影响。我国应高度关注这类规则，鼓励企业、行业协会、学术界和政府部门等多利益相关方联合起来，早做研究，积极跟踪参与，寻求对我国有利的条款。

## 四、理性对待低碳领域的贸易壁垒并做好预警

从美国连续对我国新能源产品发起的反倾销、反补贴调查可以看出，围绕低碳和新能源领域的竞争十分激烈，贸易保护和贸易摩擦开始抬头。主要国家都为低碳发展提供了大量的资金支持和扶持，来帮助低碳经济快速发展，这既是对全球气候变化负责，也是为了实现经济发展和国际竞争力。还有一些国家围绕低碳发展采取了一些技术性的措施，有技术法规、低碳标准，还有碳足迹、碳标签、低碳认证等措施，为贸易设置了一道门槛。另外，围绕着碳泄漏和所谓公平竞争而不断被提出的碳关税和边境调节也值得关注。面对外国政府所采取的低碳贸易壁垒，我国应理性对待，做好内功：首先检查自己的国内支持政策是否符合WTO规则，加强商务部在低碳领域的作用；研究国外技术性要求，不断提高我国产品的能效标准和环保标准，以不变应万变；同时要密切关注国外的贸易壁垒动态，为企业做好预警；积极与国外沟通，开展必要的合作，争取低碳领域的标准统一或互认。

## （一）关注低碳领域的贸易救济措施，争取公平贸易条件

当前各国低碳经济主要还是在政府的推动下发展起来的，各国都存在大量针对新能源开发利用、节能减排、低碳技术和产品、低碳投资等方面的支持和补贴，加上各国的其他条件，逐渐显现出不同的竞争优势。由于这些领域投入较大，谁也不想放弃市场，因此贸易摩擦不可避免。我国应理性看待这种摩擦和争端，必要时认真梳理已有的政策和做法，检查自己的政策和做法是否符合 WTO 规则，是否与其他国家存在较大差距；在国内鼓励企业之间的良性竞争，对外为企业争取公平的竞争环境。

## （二）关注发达国家与低碳相关的技术性贸易壁垒的推行，练好内功

技术性贸易壁垒是一国为了维护国家安全，保护人类和动植物的生命、健康和安全，保护环境，防止欺诈行为等而采取的一些技术性措施，由于其具有名义上的合法性，较难找到理由来反对这种做法，因而对贸易的实际影响很大。技术性贸易壁垒的影响具有"双刃剑"的性质：一方面，会提高我国出口成本，降低我国出口竞争力；另一方面，会促使我国相关企业进行创新，来符合相关要求，从而创造新的竞争优势。

在低碳领域，这些技术性贸易壁垒主要有三种形式：技术法规（如欧盟的各种低碳相关的指令）、标准（如碳核算标准、能效标准等）和合格评定程序（如低碳认证、碳标签等）。从内容上主要是直接针对产品的低碳要求，如能效要求、废弃物处置标准、二氧化碳排放限额、低碳认证等。还有一种技术性贸易壁垒值得警惕，就是通过总量控制与排放交易体系来发挥作用，如设定相应的技术要求和排放要求，对于达到要求的可以直接进口，而对于达不到要求的则需要购买碳排放，这有可能是未来国外低碳贸易壁垒的一种形式。

针对这些壁垒，能做的只有一件事情，就是练好内功，不断提高自己的技术水平和排放标准，以实力来应对任何形式的壁垒。为此，政府、行业协会和企业应密切合作，及时关注和跟踪国外低碳领域技术性贸易壁垒的发展动态，提前做好应对准备，寻求解决之道。

政府部门应做好TBT预警，识别低碳领域可能的技术性贸易壁垒，加强与国外相关部门的沟通，利用WTO的通报评议机制，合理提出我国的意见和建议，增进相互理解；利用双边会议或磋商机制，加强对低碳技术性贸易壁垒的沟通；同时要加强与相关国家的合作，包括在科学研究、技术开发、标准制定等方面的合作，争取在低碳领域共同制定标准，或者实现各国技术法规和标准的互认，为企业创造良好的贸易环境和竞争环境，减少不必要的合规成本。

行业协会应充分发挥自身力量，从专业性的角度提出解决方案，并且鼓励相关信息在企业间的交流，通过内部的资源共享和良性竞争来帮助企业提高竞争优势，突破国外壁垒；行业协会还可以代表国内企业与国外相关部门和协会进行沟通，特别是与和我国有产业关联的行业协会加强合作，共同寻求应对国外技术性贸易壁垒的方式以实现共赢；同时行业协会作为政府和企业之间的桥梁，要发挥好沟通的作用，还要通过影响政府政策制定来为企业营造良好的竞争环境，实现企业良性竞争和发展。

企业作为应对国外技术性贸易壁垒的主体，不断创新和提高是解决问题的唯一方式，否则就算政府和行业协会争取到再好的条件，也无法帮助企业获得竞争优势。

## （三）关注碳关税和边境调节税的进展，研究应对思路

如前文所述，碳关税和碳边境调节措施在现实中存在很多问题：一方面，与WTO规则和国际环境规则的相符性；另一方面，可操作性，比如碳关税的判断依据，是以国家作为判断依据，还是以产业或企业作为判断依据，再或者是以产品作为判断依据。到目前为止，碳关税在全球并未得

到多少支持,无须担心近期碳关税会被征收;但是欧盟和美国在碳关税方面的思路应引起重视。

欧盟和美国都是通过总量控制和排放交易体系将碳关税纳入进来,未来碳关税可能的变形是与技术性贸易壁垒相结合来实施,更多的会落到产品层面。比如先规定产品的碳排放标准,要求在市场销售的产品需符合这样的要求,如果不能达到,则需要通过碳排放交易体系购买排放额。这样做可以避开发展中国家"共同但有区别的责任"这一涉及国家层面的问题,也可以避开 WTO 非歧视原则,却同样可以实现碳排放与贸易挂钩。

为此,我国一方面鼓励企业实现低碳化发展,降低产品的碳排放;另一方面要积极建立我国的碳排放交易体系,制定碳排放核算标准,及早开展企业和产品层面的碳核算,即便将来其他国家采取碳关税,也可以通过国内的排放交易体系来进行应对。

## 五、小结

低碳经济为对外贸易发展创造了新的条件,我国应积极利用低碳经济发展契机,实现对外贸易的结构调整和转型。根据修正的国家竞争优势理论,对内要制定适当的政策和措施为钻石体系更好地发挥作用创造出新的竞争优势提供支持,对外要关注低碳领域的国际规则和外国的低碳贸易壁垒,争取为我国对外经贸发展提供有利的竞争环境。在这一过程中,我国应特别注意以下问题:一是应立足我国国情,从经济、社会和环境资源出发,制定低碳发展战略,避免盲目跟随其他国家的做法;二是要立足发展中国家市场,研发和推广发展中国家适用技术,争取在低碳时代占据发展中国家低碳市场的重要份额;三是要注意低碳领域的知识产权保护问题,既可以保护低碳领域的创新,也可以避免国外知识产权方面的摩擦;四是要注重多利益相关方参与模式，低碳经济发展只有将全社会纳入进来，才可能从根本上营造良性的低碳竞争环境，因此要使政府、企业、消费者、学术界、社会公众各个方面都加入进来，共同探讨低碳发展之路；五是注重参与国际规则制定，利用规则来实现我国的贸易利益。

# 第七章 结论与展望

## 一、结论

全球应对气候变化和向低碳转型为经济发展带来了新的活力,新的情况不断涌现,新能源与可再生能源及相关产品、低碳商品、低碳技术、低碳服务、低碳建筑、低碳交通、低碳城市建设、碳标签、碳税、碳排放交易体系等低碳经济发展作为新情况和新领域,给国际经济和贸易发展带来了机遇与挑战。

首先,与低碳相关的产品和服务不断涌现,低碳产品和清洁能源成为国际贸易的重要组成部分;围绕着低碳、节能而开展的咨询、认证、审核等服务大量涌现,成为国际贸易的重要内容。

其次,随着全球向低碳转型及各国将应对气候变化落实到实际行动中,低碳领域的国际投资将进一步加大,这也将带动低碳产品和服务的国际贸易。

为了推动各国国内低碳发展,围绕着新能源开发利用和温室气体减排活动,欧盟、美国、日本、中国、印度等国都制定了相应的战略、政策、法规及标准,激励和推动国内节能减排,向低碳化迈进。这些法规和标准在规范国内生产和消费的同时,也会对国际贸易竞争产生影响,从而引发贸易争端。近年来,在低碳相关产品国际贸易快速发展的同时,围绕低碳产品和新能源产品的贸易争端不断涌现,如太阳能发电产品、风能发电产品的反倾销与反补贴调查成为发达国家"双反"调查的重要领域。

各国低碳法规和标准的出台及与低碳相关的贸易争端的出现,也反映了在低碳经济条件下,传统的国际贸易规则已经不能完全适应当前低碳经济发展所引发的一系列新情况,不能满足低碳国际贸易发展的需求。发达国家的低碳政策和做法正在通过各种渠道对国际贸易规则的修改和制定产生影响,从而改变着全球的竞争规则。

低碳经济的发展也给传统的国际贸易理论带来了挑战,低碳经济条件、碳排放权成为稀缺资源,是影响经济活动的重要内容。以往基于劳动力、资本、土地等生产要素禀赋形成的竞争优势在低碳经济条件下将面临挑战,甚至面临被颠覆的可能。为了更好地研究低碳经济对我国对外贸易及国家竞争优势的影响路径与方式,本书以波特的国家竞争优势理论为基础,加入对国际贸易影响重大的贸易规则这一要素,分析了低碳经济对国际贸易的几个影响路径和方式。

在低碳经济条件下,一个国家的生产要素条件、需求条件、支撑产业与相关产业,以及企业战略、结构与竞争状态这四大核心要素依然是钻石体系的基本构成,而机会、政府和国际规则是钻石体系之外影响国家竞争优势的重要因素。与以往经济模式相比,低碳经济发展模式更加关注生产和消费中的碳排放问题,因此在生产要素条件、需求条件、支撑产业与相关产业及企业竞争状态等方面都会受到低碳因素的影响,而这些低碳因素也会通过钻石体系的作用影响到一国的竞争优势。低碳经济对国际贸易的影响通过钻石体系发挥作用,影响路径主要包括三个方面:国外低碳规则、国际规则和我国的低碳规则。这三个方面共同对钻石体系产生影响并通过钻石体系发挥作用,决定了一国低碳领域的国际竞争优势,从而决定了贸易分工格局。

当前,各国在低碳政策和规则方面的博弈也越来越明显,如欧盟航空碳税的做法引起了全球的反对,也引发了相关国际组织对航空碳排放问题

# 第七章 结论与展望

的关注;钢铁、化工等其他高碳排放行业的碳排放问题受到越来越多的重视,碳排放交易体系也受到越来越多的重视,并被很多国家采用。如何发挥碳排放交易体系的积极作用值得关注。

对我国来说,当前国外低碳领域的技术性贸易壁垒已经开始影响我国的出口贸易,贸易摩擦逐渐显现,光伏电池和风能发电设备的"双反"调查正在极大地影响我国光伏产业和风能产业的发展。国外的低碳技术法规和标准正在对我国机电行业产生重大影响,欧美关于电子电气产品的节能要求成为影响我国家电等产品出口的重要障碍。

全球低碳经济发展被认为是我国实现"弯道超车"的重要机会,而如何把握这一机会,缩小与发达国家的差距,还有待进一步探索。根据国际竞争优势理论,我国要在低碳经济条件下实现国家竞争优势,还需要一系列的配套措施。

对外而言,我国应积极参与低碳领域国际规则的制定,包括在WTO多边层面、区域和双边自贸协定层面有关低碳规则的制定,特别是WTO项下有关环境产品的谈判,积极争取对我国有利的谈判方向。除了参与经济贸易相关协定的谈判之外,我国还应高度关注国际标准化组织ISO、国际电工组织IEC等国际标准制定机构、国际行业组织及非政府组织有关低碳标准、倡议和工具的制定,积极参与其中,并影响规则的制定。此外,政府部门、行业组织及企业还应从多方面加强与国外相关部门、行业组织及企业的沟通,以增进各领域的合作,实现共赢。

对内而言,我国应加强低碳战略与贸易战略的融合,将对外经济贸易发展作为我国低碳发展战略的重要组成部分,并通过对外经济贸易将我国的低碳发展优势转化为国际竞争力,实现我国的贸易利益和国际影响力。通过政策引导来促进钻石体系自身作用的发挥,为创建新的竞争优势提供制度保障和良性的竞争环境。为此,政府应鼓励创新,营造良性竞争环境;重视人才培养,加大科研和创新投入,创造生产要素条件;引导国内的低碳消费,特别是政府部门带头低碳产品、技术和服务的采购,创造需求条件;因地制宜,鼓励低碳产业集群的发展,促进相关产业和支撑产业的发展；引导企业低碳化发展，通过技术法规和标准来进一步规范企业的竞争，形成良好的竞争条件。

此外，还应高度重视低碳领域的各类贸易壁垒，包括反倾销、反补贴、技术法规和标准及知识产权诉讼等形式的贸易壁垒，充分发挥行业协会的作用，及早预防和沟通，减少低碳领域贸易壁垒对我国贸易的影响。

## 二、进一步的研究方向

在研究低碳经济对我国对外经贸影响时，有很多不确定因素，并且每个产业情况不同，影响也不一样，本书力图从总体上分析低碳经济对国际贸易的影响，包括从理论层面和实践层面，构建一个分析低碳经济对贸易影响的理论分析框架，还有很多与低碳经济和国际贸易相关的问题在本研究中没有涉及，仍有待进一步研究。例如：全球低碳发展对国际贸易和我国对外贸易的影响程度和影响结果的实证研究；低碳技术性贸易壁垒（包括技术法规、标准和合格评定程序）对国际贸易及我国对外贸易的影响；碳关税的可行性、实现方式及其对贸易的影响；产业层面的影响分析，包括不同产业的竞争力受低碳经济的影响情况及相关的案例研究；全球及国内低碳消费的发展情况及其对贸易的影响；面对全球低碳趋势，中国在国际贸易规则和国际投资规则谈判中的谈判战略和策略是什么，应如何应对；国内如何应对国际谈判和低碳发展所存在的一些负面问题等。这一系列问题都有待进一步深入研究。

从当前国内外低碳经济发展的势头及联合国 2015 年后的可持续发展目标看，未来对低碳领域的投资需求仍然很大，低碳领域的贸易自由化和投资自由化将会是国际经济的重要议题，该领域国际规则的制定也将对贸易产生重大影响。从宏观看，如何结合我国低碳经济发展现状及趋势，充分有效地参与低碳领域贸易规则的制定是未来需要进一步深入研究的问题；从中观看，低碳国际规则对我国产业竞争力有何影响，其通过何种路径实现这种影响，需要通过实证研究和案例研究来进行进一步论证，以更好地促进相关产业竞争力的形成；从微观看，低碳领域的标准和规则如何对企业和产品产生影响是需要进一步关注的问题。上述问题的进一步研究将有助于我国利用低碳经济发展契机，实现我国对外经济贸易的可持续发展，形成我国的竞争优势。

# 参考文献

[1] 2050中国能源和碳排放研究课题组.2050中国能源和碳排放报告 [M].北京：科学出版社，2009.

[2] 保罗·克鲁格曼.哥本哈根会议可望达成可负担得起的方案 [N].华夏时报，2009-12-12.

[3] 彼得·圣吉等.必要的革命——可持续发展型社会的创建与实践 [M].李晨晔，张成林译.北京：中信出版社，2010：101-113.

[4] 边永民.应对气候变化可能怎样影响国际贸易规则 [A].中国法学会国际经济法研究会年会，2009.

[5] 蔡林海.低碳经济 绿色革命与全球创新竞争大格局 [M].北京：经济科学出版社，2009：14-21.

[6] 陈红敏.包含工业生产过程碳排放的产业部门隐含碳研究 [J].中国人口·资源与环境，2009（3）：25-30.

[7] 陈红娜.低碳经济对国际贸易规则的影响研究 [D].对外经济贸易大学硕士学位论文，2013.

[8] 陈武，李云峰，何庆丰.中国低碳发展的国际比较：世界贸易格局 [J].中国人口·资源与环境，2011（7）：86-90.

[9] 陈迎，潘家华，谢来辉.中国外贸进出口商品中的内涵能源及其政策含义 [J].经济研究，2008（7）：11-25.

[10] 程大为.世界贸易组织气候变化谈判：主要议题及中国战略 [J].中国人民大学学报，2010（4）：50-57.

[11] 成思危. 新能源与低碳经济 [J]. 管理评论, 2010 (6): 4-8.

[12] 崔民选. 中国能源发展报告 2010 [M]. 北京: 社会科学文献出版社, 2010: 292-324.

[13] 戴亦欣. 中国低碳城市发展的必要性和治理模式分析 [J]. 中国人口·资源与环境, 2009 (3): 12-17.

[14] 党玉婷, 万能. 贸易对环境影响的实证分析——以中国制造业为例 [J]. 世界经济研究, 2007 (4): 52-57+88.

[15] 樊纲. 走向低碳发展: 中国与世界 [M]. 北京: 中国经济出版社, 2010: 159-161.

[16] 冯相昭, 赖晓涛, 田春秀. 关注低碳标准发展新动向——英国 PAS2050 碳足迹标准 [J]. 环境保护, 2010 (3): 74-76.

[17] 付加锋, 高庆先. 中国国际贸易中的内涵 $CO_2$ 排放及其空间特征 [J]. 资源开发与市场, 2009 (7): 602-605.

[18] 付允, 马永欢, 刘怡君, 牛文元. 低碳经济的发展模式研究 [J]. 中国人口·资源与环境, 2008 (3): 14-19.

[19] 付允, 汪云林, 李丁. 低碳城市的发展路径研究 [J]. 科学对社会的影响, 2008 (2): 5-10.

[20] 勾红洋. 低碳阴谋 [M]. 太原: 山西经济出版社, 2010: 168-186.

[21] 顾列铭. 碳关税: 一石激起千重浪 [J]. 中国证券期货, 2009 (11): 18-20.

[22] 国际能源署. 世界能源展望 2011 执行摘要 [R], 2011.

[23] 国家统计局能源统计司编. 中国能源统计年鉴 (2011) [M]. 北京: 中国统计出版社, 2011.

[24] 国务院发展研究中心课题组, 刘世锦, 张永生. 全球温室气体减排: 理论框架和解决方案 [J]. 经济研究, 2009 (3): 4-13.

[25] 韩景华, 张智慧. 低碳经济对我国贸易结构的影响及对策 [J]. 价格理论与实践, 2011 (1): 82-83.

[26] 何建坤,周剑,刘滨,孙振清.全球低碳经济潮流与中国的响应对策[J].世界经济与政治,2010(4):18-35+156.

[27] 赫尔曼·E. 戴利.超越增长——可持续发展的经济学[M].诸大建,胡圣等译.上海:上海译文出版社,2001.

[28] 黄河,赵仁康.低碳经济与国际贸易规则的重塑[J].外交评论(外交学院学报),2010(5):123-133.

[29] 贾林娟.低碳经济发展影响因素及路径设计[J].科技进步与对策,2014(3):26-29.

[30] 金乐琴,刘瑞.低碳经济与中国经济发展模式转型[J].经济问题探索,2009(1):84-87.

[31] 李飞,庄贵阳,付加锋,宋玉祥.低碳经济转型:政策、趋势与启示[J].经济问题探索,2010(2):94-97.

[32] 李俊峰,马玲娟.低碳经济是规制世界发展格局的新规则[J].世界环境,2008(2):17-20.

[33] 李丽.欧美技术性贸易壁垒的新变化及趋势[J].WTO经济导刊,2014(3):89-92.

[34] 李丽.区域性贸易协定发展与技术性贸易壁垒条款[J].国际贸易,2009(4):60-63.

[35] 李丽.区域性贸易协定中的技术性贸易壁垒问题研究[J].商业时代,2009(21):22-24+7.

[36] 李丽.全球技术性贸易壁垒发展的新特点、趋势及对我国的启示[J].WTO经济导刊,2013(Z1):119-121.

[37] 李丽.中国银行业对外信贷中的环境政策[J].经济导刊,2009(9):74-76.

[38] 李丽平,任勇,田春秀.国际贸易视角下的中国碳排放责任分析[J].环境保护,2008(6):62-64.

[39] 李启明,欧晓星.低碳建筑概念及其发展分析[J].建筑经济,2010(2):41-43.

[40] 李跃群. 美国商务部暂缓立案中国光伏"双反"[EB/OL]. 东方早报, http://finance.qq.com/a/20111110/006298.htm, 2011-11-10.

[41] 凌朔. 日本勾勒"减核节能"新能源战略[EB/OL]. http://news.xinhuanet.com/world/2011-07-31/c_121748473_1.htm, 2011-07-31/2011-08-10.

[42] 刘浩远. 日本内阁通过"低碳社会行动计划"[EB/OL]. 新华网, http://news.xinhuanet.com/newscenter/2008-07/29/content_8844174.htm, 2008-07-29.

[43] 刘林奇. 我国对外贸易与环境问题关系研究[D]. 华中科技大学博士学位论文, 2009.

[44] 刘倩, 王遥. 全球碳金融服务体系的发展与我国的对策[J]. 经济纵横, 2010 (7): 81-84.

[45] 刘强, 庄幸, 姜克隽, 韩文科. 中国出口贸易中的载能量及碳排放量分析[J]. 中国工业经济, 2008 (8): 46-55.

[46] 柳下再会. 以低碳知名——低碳骗局幕后的全球博弈[M]. 北京: 中国发展出版社, 2010.

[47] 龙兴平, 俞海山. 我国对外贸易中环境成本转移分析[J]. 对外经贸实务, 2008 (10): 24-27.

[48] 陆燕, 于鹏. 贸易发展与气候变化融合、冲突与应对[J]. 国际贸易, 2010 (11): 49-53.

[49] 吕维霞, 李茹, 屠新泉. 新形势下政府气候变化政策对国际贸易的影响[J]. 北京林业大学学报(社会科学版), 2010 (4): 65-72.

[50] 吕学都, 王艳萍, 黄超, 孙佶. 低碳经济指标体系的评价方法研究[J]. 中国人口·资源与环境, 2013 (7): 27-33.

[51] 马述忠, 陈颖. 进出口贸易对中国隐含碳排放量的影响: 2000~2009年——基于国内消费视角的单区域投入产出模型分析[J]. 财贸经济, 2010 (12): 82-89+145.

[52] 迈克尔·波特. 国家竞争优势[M]. 李明轩, 邱如美译. 北

京：华夏出版社，2002：23，65-67，84-89，93-94，107-108，113，116-118，121，164.

[53] 迈克尔·波特. 竞争论 [M]. 刘宁，高登第，李明轩译. 北京：中信出版社，2009：149-159，163-181.

[54] 孟晓俊，谢慧珍. 基于低碳经济下的碳会计体系构建 [J]. 生产力研究，2013（8）：171-173.

[55] 潘家华，陈迎，庄贵阳，吴向阳. 英国低碳发展的激励措施及其借鉴 [J]. 中国经贸导刊，2006（18）：51-52.

[56] 潘家华，陈迎. 碳预算方案：一个公平、可持续的国际气候制度框架 [J]. 中国社会科学，2009（5）：83-98+206.

[57] 潘家华，郑艳. 适应气候变化的分析框架及政策含义 [J]. 中国人口·资源与环境，2010（10）：1-5.

[58] 潘家华，庄贵阳，马建平. 低碳技术转让面临的挑战与机遇 [J]. 华中科技大学学报（社会科学版），2010（4）：85-90.

[59] 潘家华，庄贵阳，郑艳，朱守先，谢倩漪. 低碳经济的概念辨识及核心要素分析 [J]. 国际经济评论，2010（4）：88-101+5.

[60] 齐晔，李惠民，徐明. 中国进出口贸易中的隐含碳估算 [J]. 中国人口·资源与环境，2008（3）：8-13.

[61] 曲如晓，吴洁. 碳排放权交易的环境效应及对策研究 [J]. 北京师范大学学报（社会科学版），2009（6）：127-134.

[62] 任力. 低碳经济与中国经济可持续发展 [J]. 社会科学家，2009（2）：47-50.

[63] 任力. 国外发展低碳经济的政策及启示 [J]. 发展研究，2009（2）：23-27.

[64] 商务部发言人就中国参加 WTO 环境产品谈判等答问 [EB/OL]. http：//www.gov.cn/gzdt/2014-01/29/content_ 2578207.htm，2014-01-29.

[65] 商务部公平贸易局. 美国对华清洁能源 301 调查情况 [EB/

OL].商务部网站,http://gpj.mofcom.gov.cn/aarticle/cx/cu/201105/20110507544365.html,2011-05-05.

[66] 商务部公平贸易局.美国贸易代表办公室对中国清洁能源政策发起301调查[EB/OL].商务部网站,http://gpj.mofcom.gov.cn/aarticle/subject/mymcyd/subjectll/201011/20101107221043.html,2010-11-02.

[67] 沈可挺,李钢.碳关税对中国工业品出口的影响——基于可计算一般均衡模型的评估[J].财贸经济,2010(1):75-82+136-137.

[68] 施用海.低碳经济对国际贸易发展的影响[J].国际经贸探索,2011(2):4-6.

[69] 世界自然基金会低碳企业发展项目组.企业低碳领导力[M].北京:中信出版社,2010:3-39.

[70] 宋盈.中国减排目标为哥本哈根会议带来新动力[EB/OL].http://www.chinanews.com/cj/cj-hbht/news/2009/12-06/2002426.shtml,2009-12-06.

[71] 唐良富,唐榆凯,龚庆,张锐,朱洪艳.气候变化视角下的低碳经济——技术标准和市场准入新的战略制高点分析[J].标准科学,2010(6):47-55.

[72] 陶良虎.中国低碳经济——面向未来的绿色产业革命[M].北京:研究出版社,2010:236-249.

[73] 王灿,李丽.专利贸易壁垒的发展及其对我国的影响[J].WTO经济导刊,2013(4):89-91.

[74] 王寰鹰.欧盟征收航空"碳税"或引发贸易战[EB/OL].新华网,http://news.xinhuanet.com/fortune/2011-12/22/c_111275189_2.htm,2011-12-22.

[75] 王金南,严刚,姜克隽,刘兰翠,杨金田,葛察忠.应对气候变化的中国碳税政策研究[J].中国环境科学,2009(1):101-105.

[76] 王军.国际贸易视角下的低碳经济[J].世界经济研究,2010

(11): 50-55+88.

[77] 王丽丽. 低碳经济下对重塑国际贸易规则的思考 [J]. 湖北函授大学学报, 2014 (4): 61-62.

[78] 王淼. WTO 规则对低碳经济的约束与激励 [D]. 吉林大学博士学位论文, 2011.

[79] 王谋, 潘家华, 陈迎.《美国清洁能源与安全法案》的影响及意义 [J]. 气候变化研究进展, 2010 (4): 307-312.

[80] 王谋. 碳关税命题辨析及其国际治理模式 [J]. 中国人口·资源与环境, 2014 (4): 6-10.

[81] 王姝. 国际贸易, FDI 与污染转移——世界视角与中国实证 [D]. 复旦大学博士学位论文, 2008.

[82] 王炜瀚. 再论波特《国家竞争优势》的谬误——对 Howard Davies 与 Paul Ellis (2000) 论文的迟到回应 [J]. 管理世界, 2010 (10): 167-168+173.

[83] 王正鹏, 李莹, 李德贵. 进出口贸易对中国能源二氧化碳排放影响的初步分析 [J]. 中国能源, 2008 (3): 14-17.

[84] 魏一鸣等. 中国能源报告 (2008): 碳排放研究 [M]. 北京: 科学出版社, 2008: 21-40.

[85] 温室气体排放未减反增 部分发达国家减排未达标 [EB/OL]. http://www.chinanews.com/gj/2011/11-29/3495405.shtml, 2009-11-29.

[86] 我国国民经济和社会发展十二五规划纲要(全文)[EB/OL]. 新浪网, http://news.sina.com.cn/c/2011-03-17/055622129864.shtml, 2011-3-17.

[87] 我国环境与发展十大对策 [EB/OL]. http://www.bjchp.gov.cn/hbj/tabid/4981/InfoID/36997/frtid/703/Default.aspx, 2010-04-07.

[88] 吴蕾, 吴国蔚. 我国国际贸易中环境成本转移的实证分析 [J]. 国际贸易问题, 2007 (2): 72-77.

[89] 夏先良. 碳关税、低碳经济和中美贸易再平衡 [J]. 国际贸易,

2009 (11): 37-45.

[90] 熊焰. 低碳之路——重新定义世界和我们的生活 [M]. 北京: 中国经济出版社, 2010: 274-276.

[91] 薛进军. 中国低碳经济发展报告 [M]. 北京: 社会科学文献出版社, 2011: 104-131.

[92] 薛睿. 中国低碳经济发展的政策研究 [D]. 中共中央党校博士学位论文, 2011.

[93] 严凯. 美双反调查升级 涉及中国光伏企业多达 70 余家 [EB/OL]. 经济观察报, http://news.hexun.com/2011-11-18/135382660.html, 2011-11-18.

[94] 杨迎春. 低碳经济趋势下贸易摩擦及 WTO 机制困境 [J]. 世界贸易组织动态与研究, 2010 (4): 58-62.

[95] 杨政. 欧盟航空碳税惹众怒 [EB/OL]. http://news.xinhuanet.com/world/2012-02/24/c_122747552.htm, 2012-02-24.

[96] 叶汝求, David Runnalls. 中国加入 WTO: 贸易与可持续发展的挑战 [J]. 世界环境, 2002 (3): 16-18.

[97] 印度首次宣布减排目标: 到 2020 年减排 20% 到 25% [EB/OL]. http://news.xinmin.cn/rollnews/2009/12/05/3032458.html, 2009-12-05.

[98] 尹政平, 李丽. 建设低碳超市的国际经验借鉴及对策探讨 [J]. 经济问题探索, 2012 (5): 168-172.

[99] 于立新, 江皎. 低碳经济压力下的可持续贸易发展战略 [J]. 红旗文稿, 2010 (2): 21-24.

[100] 于立新. "低碳经济"压力下的可持续贸易战略调整 [J]. 中国市场, 2010 (24): 49-51.

[101] 于鹏, 李丽. 低碳经济条件下我国外贸可持续发展研究——基于政府管理视角 [J]. 国际经济合作, 2010 (12): 20-23.

[102] 余晓钟, 江昱洁, 辜穗. 跨区域低碳经济协同创新发展动力

机制研究 [J]. 科学管理研究, 2013 (2): 55-58.

[103] 俞顺洪. 贸易政策和气候变化: 低碳经济的国际视角——以碳关税为例 [J]. 黑龙江对外经贸, 2010 (10): 18-20.

[104] 张大成. 国际民航组织反对欧盟航空"碳管制" [EB/OL]. 新华网, http://news.xinhuanet.com/world/2011-11/03/c_111143482.htm, 2011-11-03.

[105] 张璐晶, 谈佳隆. 欧盟空中"抢钱"中国民航一年或交碳税8亿元 [EB/OL]. 中国经济周刊, http://news.xinhuanet.com/air/2011-05/17/c_121424866_3.htm, 2011-05-17.

[106] 张坤民, 潘家华, 崔大鹏. 低碳经济论 [M]. 北京: 中国环境科学出版社, 2008: 181-186.

[107] 张磊. 国际气候政治的中国困境——一种微观层次的梳理 [J]. 教学与研究, 2010 (2): 68-74.

[108] 张连众, 朱坦, 李慕菡, 张伯伟. 贸易自由化对我国环境污染的影响分析 [J]. 南开经济研究, 2003 (3): 3-5+30.

[109] 张雪梅, 王双, 韩光. 基于低碳经济的我国对外贸易可持续发展对策研究 [J]. 商业时代, 2011 (14): 44-45.

[110] 郑晓博, 苗韧, 雷家骕. 应对气候变化措施对贸易竞争力影响的研究 [J]. 中国人口·资源与环境, 2010 (11): 66-71.

[111] 中国低碳年鉴编委会编. 中国低碳年鉴 (2010) [M]. 北京: 中国财政经济出版社, 2010.

[112] 中国科学院可持续发展战略研究组. 中国可持续发展战略报告——探索中国特色的低碳道路 [M]. 北京: 科学出版社, 2009: 75-98.

[113] 朱敏. 低碳时代WTO环境规则的问题与适用新发展研究 [D]. 南京财经大学硕士学位论文, 2011.

[114] 庄贵阳. 中国经济低碳发展的途径与潜力分析 [J]. 太平洋学报, 2005 (11): 79-87.

[115] 庄贵阳. 气候变化挑战与中国经济低碳发展 [J]. 国际经济评

论, 2007 (5): 50-52.

[116] 庄贵阳. 后京都时代国际气候治理与中国的战略选择 [J]. 世界经济与政治, 2008 (8): 6-15+3.

[117] 庄贵阳. 中国发展低碳经济的困难与障碍分析 [J]. 江西社会科学, 2009 (7): 20-26.

[118] 庄贵阳, 朱仙丽, 赵行姝. 全球环境与气候治理 [M]. 杭州: 浙江人民出版社, 2009: 158-165.

[119] 庄贵阳, 潘家华, 朱守先. 低碳经济的内涵及综合评价指标体系构建 [J]. 经济学动态, 2011 (1): 132-136.

[120] A. J. Smit. The Competitive Advantage of Nations: Is Porter's Diamond Framework a New Theory that Explains the International Competitiveness of Countries? [J]. Southern African Business Review, 2010, 14 (1): 105-130.

[121] Ahmad N., A. Wyckoff. Carbon Dioxide Emissions Embodied in International Trade of Goods [EB/OL]. http://dx.doi.org/10.1787/421482436815, 2003-11-03/2011-09-12.

[122] Brian Titley, Sally Williams, Elizabeth Anastasi, Hanne Giil. Towards a Low Carbon Economy-economic Analysis and Evidence for a Low Carbon Industrial Strategy [EB/OL]. http:/www.bis.gov.uk/files/file52165.pdf, 2009-07/2011-09-12.

[123] Brian R. Copeland, M. Scott Taylor. International Trade and the Environment: A Framework for Analysis [EB/OL]. http://www.nber.org/papers/w8540, 2001-10/2011-09-12.

[124] Brian R. Copeland, M. Scott Taylor. Free Trade and Global Warming: A Trade Theory View of the Kyoto protocol [J]. Journal of Environmental Economics and Management, 2005, 49 (2): 205-234.

[125] Bruvoll Annegrete, Foehn Taran. Transboundary Effects of Environmental Policy: Markets and Emission Leakages [J]. Ecological Economics, 2006, 59 (4): 499-510.

[126] Busse, Matthias. Trade, Environmental Regulations and The World Trade Organization New Empirical Evidence [EB/OL]. http://dx.doi.org/10.1596/1813-9450-3361, 2004-07/2011-09-12.

[127] Christopher L. Weber, Glen P. Peters. Climate Change Policy and International Trade: Policy Considerations in the US [J]. Energy Policy, 2009 (37): 432-440.

[128] Clean Energy and Security Act of 2009 [EB/OL]. https://www.govtrack.us/congress/bills/111/hr2454, 2009-07-06/2011-09-12.

[129] Council for Science and Technology Policy, Low Carbon Technology Plan [EB/OL]. http://www8.cao.go.jp/cstp/english/doc/new_ low_ carbon_ tec_ plan/nlctp_ text.pdf, 2008-05-19/2011-02-20.

[130] Cust James. Using Intermediate Indicators: Lessons for Climate Policy [J]. Climate Policy, 2009, 9 (5): 450-463.

[131] David Pearce. The Role of Carbon Taxes in Adjusting to Global Warming [J]. The Economic Journal, 1991, 101 (407): 938-948.

[132] David Rich. Climate Change, Carbon Taxes, and International Trade: An Analysis of the Emerging Conflict between the Kyoto Protocol and the WTO [EB/OL]. http://are.berkeley.edu/courses/EEP131/fall2006/NotableStudent04/ClimateChangeRich.pdf, 2004-12-09/2010-02-20.

[133] Dong Yan, Whalley. Carbon, Trade Policy, and Carbon Free Trade Areas [EB/OL]. http://www.nber.org/papers/w14431, 2008-10/2011-09-12.

[134] EU Commission. Proposal for a COUNCIL DIRECTIVE Amending Directive 2003/96/EC Restructuring the Community Framework for the Taxation of Energy Products and Electricity [EB/OL]. http://ec.europa.eu/taxation_ customs/resources/documents/taxation/com_ 2011_ 169_ en.pdf , 2011/2012-01-02.

[135] Gary Clyde Hufbauer, Jisun Kim. The WTO and Climate Change:

Challenges and Options [EB/OL]. http://www.iie.com/publications/papers/hufbauer-kim0909.pdf, 2009-09/2011-09-12.

[136] Glen Peters, Edgar Hertwich. Structural Analysis of International Trade: Environmental Impacts of Norway [J]. Economic Systems Research, 2006, 18 (2): 155-181.

[137] I. Mongelli, G. Tassielli, B. Notarnicola. Global Warming Agreements, International Trade and Energy/Carbon Embodiments: An Input-output Approach to the Italian Case [J]. Energy Policy, 2006, 34 (1): 88-100.

[138] ICTSD. Climate Change and Trade on the Road to Copenhagen [EB/OL]. http://www.ictsd.org/sites/default/files/research/2012/02/climate-change-and-trade-on-the-road-to-copenhagen.pdf, 2008-12-19/2011-10-10.

[139] James Meadowcroft, Climate Change Governance [EB/OL]. http://www-wds.worldbank.org/servlet/WDSContentServer/WDSP/IB/2009/05/19/000158349_20090519144015/Rendered/PDF/WPS4941.pdf, 2009-05/2011-09-12.

[140] Jeffrey A. Frankel, Andrew K. Rose. Is Trade Good or Bad for the Environment? Sorting Out the Causality [EB/OL]. http://www.nber.org/papers/w9201, 2002-09/2011-09-12.

[141] Li Hong, Zhang Pei Dong, He Chunyu, Wang Gang. Evaluating the Effects of Embodied Energy in International Trade on Ecological Footprint in China [J]. Ecological Economics, 2007, 62 (1): 136-148.

[142] Michael Friis Jensen. Leveling or Mining the PlayingField? Implementation Problemsof Carbon-Motivated BorderAdjustment Taxes [EB/OL]. http://siteresources.worldbank.org/INTRANETTRADE/Resources/239054-1126812419270/1668207-1282573753114/PREMNote146.pdf, 2009-12-01/2011-09-12.

[143] Ministry of Economy, Trade and Industry Japan. The Strategic En-

ergy Plan of Japan [EB/OL]. http://www.meti.go.jp/english/press/data/pdf/20100618_ 08a.pdf, 2010-06/2011-09-12.

[144] Paul Brenton, Gareth Edwards-Jones, Michael Friis Jensen. Carbon Labelling and Low-income Country Exports: A Review of the Development Issues [J]. Development Policy Review, 2009, 27 (3): 243-267.

[145] Paul Krugman. Empire of Carbon [N]. The New York Times Column, 2009-05-14.

[146] Peter Wooders: Greenhouse Gas Emission Impacts of Liberalizing Trade in Environmental Goods [R]. http://www.iisd.org/pdf/2009/bali_ 2_ copenhagen_ egs.pdf, 2009 (10).

[147] Pinkse Jonatan, Kolk Ans. Challenges and Trade-Offs in Corporate Innovation for Climate Change [J]. Business Strategy and the Environment, 2010, 19 (4): 261-272.

[148] S. 1462 American Clean Energy Leadership Act [EB/OL]. https://www.govtrack.us/congress/bills/111/s1462, 2009-07-15/2011-09-12.

[149] Shammin Md Rumi, Bullard Clark W. Impact of Cap-and-trade Policies for Reducing Greenhouse Gas Emissions on US Households [J]. Ecological Economics, 2009, 68 (8-9): 2432-2438.

[150] Strachan Neil, Pye Stephen, Hughes Nicholas. The Role of International Drivers on UK Scenarios of a Low-carbon Society [J]. Climate Policy, 2008 (8): 125-139.

[151] Tao Wang, Jim Watson. Who Owns China's Carbon Emission? [EB/OL]. http://www.qualenergia.it/UserFiles/Files/china_ emissions_ _ ott07.pdf, 2007-10/2011-09-12.

[152] Tapio. Towards a Theory of Decoupling: Degrees of Decoupling in the EU and the Case of Road traffic in Finland Between 1970 and 2001 [J]. Transport Policy, 2005, 12 (2): 137-151.

[153] Trade and climate change [R]. WTO-UNEP, 2009.

[154] UNFCCC. Review of the Experience of International Funds, Multilateral Financial Institutions and Other Sources of Funding Relevant to the Current and Future Investment and Financial Needs of Developing Countries [EB/OL]. http://unfccc.int/resource/docs/2007/tp/04.pdf. 2007-11-21-/2011-01-12.

[155] WT/DS419/1. China-Measures Concerning Wind Power Equipment [EB/OL]. WTO website, http://docsonline.wto.org/GEN_viewerwindow.asp? http://docsonline.wto.org:80/DDFDocuments/t/WT/DS/419-3.doc, 2011-01-06.

[156] World Investment Report 2010, UNCTAD. 2011.

[157] World Investment Report 2014, UNCTAD. 2014.

[158] Wissema Wiepke, Dellink Rob. AGE Analysis of the Impact of a Carbon Energy Tax on the Irish Economy [J]. Ecological Economics, 2007, 61(4): 671-683.

[159] World Bank. International Trade and Climate Change [EB/OL]. http://www-wds.worldbank.org/external/default/WDSContentServer/WDSP/IB/2007/11/15/000310607_20071115153905/Rendered/PDF/41453optmzd0PA101OFFICIAL0USE0ONLY1.pdf, 2007-11/2011-09-12.

[160] Xianbing Liu, Masanobu Ishikawa, Can Wang, Yanli Dong, Wenling Liu. Analyses of $CO_2$ Emissions Embodied in Japan-China Trade [J]. Energy Policy, 2010, 38(3): 1510-1518.

[161] Yan Dong, John Whalley. Carbon, Trade Policy and Carbon Free Trade Areas [J]. The World Economy, 2010, 33(9): 1073-1094.

[162] Yan Yunfeng, Yang Laike. China's Foreign Trade and Climate Change: A case Study of $CO_2$ Emissions [J]. Energy Policy, 2010, 38(1): 350-356.

[163] You Li, C. N. Hewitt. The Effect of Trade between China and the UK on National and Global Carbon Dioxide Emissions [J]. Energy Policy,

2008, 36 (6): 1907-1914.

[164] ZhongXiang Zhang. Who Should Bear the Cost of China's Carbon Emissions Embodied in Goods for Exports? [J]. Mineral Economics, 2012 (24): 103-117.

[165] WTO 官方网站资料, www.wto.org.

[166] 欧盟官方网站相关资料, europa.eu.

[167] 日本环境署官方网站资料, www.env.go.jp.

[168] 美国商务部网站, www.commerce.gov.

[169] 中国商务部网站, www.mofcom.gov.cn.